徐霞客游记

全民阅读书架【双色版】

[明] 徐弘祖◎著
冯慧娟◎编

辽宁美术出版社

图书在版编目（CIP）数据

徐霞客游记 /（明）徐弘祖著；冯慧娟编 . — 沈阳：辽宁美术出版社，2017.12（2019.6 重印）

（全民阅读书架）

ISBN 978-7-5314-7853-9

Ⅰ . ①徐… Ⅱ . ①徐… ②冯… Ⅲ . ①游记－中国－明代②历史地理－中国－明代 Ⅳ . ① K928.9

中国版本图书馆 CIP 数据核字 (2017) 第 310597 号

出 版 社：辽宁美术出版社
地　　址：沈阳市和平区民族北街 29 号　邮编：110001
发 行 者：辽宁美术出版社
印 刷 者：北京一鑫印务有限责任公司
开　　本：787mm × 1092mm　1/32
印　　张：5
字　　数：100 千字
出版时间：2017 年 12 月第 1 版
印刷时间：2019 年 6 月第 5 次印刷
责任编辑：彭伟哲
装帧设计：新华智品
责任校对：郝　刚
ISBN 978-7-5314-7853-9

定　　价：29.80 元

邮购部电话：024-83833008
E-mail：lnmscbs@163.com
http：//www.lnmscbs.cn
图书如有印装质量问题请与出版部联系调换
出版部电话：024-23835227

前言

徐霞客（1587—1641年），名弘祖，字振之，江苏江阴人，是明代著名的地理学家、旅行家和文学家。

《徐霞客游记》是一部以日记体为主的地理名著，内容主要是徐霞客在1613—1639年游历中国各地期间的旅行观察所得。这部书在地理学和文学上的成就颇高，其中地理学的成就主要有：纠正了历代文献中关于水道源流的一些错误记录；描绘考察了喀斯特地貌，并深入探讨其成因，在喀斯特地貌研究方面取得开创性成果；记载了诸多植物的生态品种，等等。文学方面的成就主要有：写景状物，笔触精细且手法丰富，给人一种身临其境之感；记事朴实，生活感十足；情感细腻丰富，抒情自然，与景物描写浑然天成。总之，这部游记在记景、叙事和抒情等方面都达到了很高的水平，具有很高的艺术性和审美价值。

徐霞客自幼喜欢读历史和地理方面的奇书，对

“四书五经”等所谓正经书籍不甚感兴趣，他22岁开始出门远游，足迹遍布祖国的山川湖泊。他将对祖国山川的热爱与自我提升、自我超越的欲求完美地结合起来，并身体力行，勇敢地去实践和体验，直到生命结束。徐霞客身上具有的挑战自我、挑战极限、热爱生命、热爱大自然的精神，如今看来仍具有很强的时代感。时下中国，旅游已成为一种潮流，大批背包客和旅友在旅游的路途上不断超越前人，他们体验自然、感悟人生、开阔眼界、找寻自我和生命的真谛，从某种程度上说，这正是“徐霞客精神”的体现。

虽然并不是每个人都有机会去实践这种精神，但我们却可以通过阅读来体会它。因此，编者特意辑了这本《徐霞客游记》，阅读这本游记中的经典之作，读者可以获得审美和知识上的双重收获。

目录

游天台山日记

【释题】

天台山，在今浙江天台县北，有华顶、赤城、琼台、桃源、寒岩等名景，其中以石梁飞瀑最为著名。

该记先略叙一路风光美景，再着重记叙登华顶峰和观断桥、珠帘瀑布，对华顶峰景色以及草木异状亦有一定描绘。其中，作者对断桥、珠帘之水的描写则尤为细致，对水石交映、潭深水急之势颇有重笔。另外，明岩石洞之阔大、洞外石壁高耸之奇也写得气势非凡。其后，作者还对寒岩、鸣玉涧、琼台等各景也一一进行描绘。

此为徐霞客初游天台山时所记，时间是1613年，1632年他再次游览此山并另作一记。该记基本上反映了天台山的全貌，其语言清新朴素，精练准确，从此篇我们可以看出徐霞客游记的基本风格。

【原文】

癸丑（1613年）之三月晦[①]。

自宁海出西门。云散日朗，人意山光，俱有喜态。三十里，至梁隍山。闻此於菟[②]夹道，月伤数十人，遂止宿。

【注释】

①晦：每月最末一天为晦。

②於菟：即老虎。

【原文】

四月初一日　早雨。行十五里，路有岐，马首西向台山，天色渐霁。又十里，抵松门岭，山峻路滑，舍骑步行。自奉化来，虽越岭数重，皆循山麓。至此迂回临陟，俱在山脊。而雨后新霁，泉声山色，往复创变，翠丛中山鹃映发，今人攀历忘苦。又十五里，饭于筋竹庵。山顶随处种麦。从筋竹岭南行，则向国清大路。适有国清僧云峰同饭，言："此抵石梁，山险路长，行李不便，不若以轻装往，而重担向国清相待。"余然之，令担夫随云峰往国清，余与莲舟上人[①]就石梁道。行五里，过筋竹岭。岭旁多短松，老干屈曲，根叶苍秀，俱吾阊门盆中物也。又三十余里，抵弥陀庵。上下高岭，深山荒寂[②]，恐藏虎，故草木俱焚去。泉轰风动，路绝旅人。庵在万山坳中，路荒且长，适当其半，可饭可宿。

【注释】

①上人：对僧人的尊称。

②有版本多9字：恐藏虎，故草木俱焚去。

【原文】

初二日　饭后，雨始止。遂越潦[①]攀岭，溪石渐幽，二十里，暮抵天封寺。卧念晨上峰顶，以朗霁为缘，盖连日晚霁，并无晓晴。及五更梦中，闻明星满天，喜不成寐。

【注释】

①潦：积水。

【原文】

初三日 晨起，果日光烨烨[①]，决策向顶。上数里，至华顶庵。又三里，将近顶，为太白堂[②]，俱无可观。闻堂左下有黄经洞[③]，乃从小径。二里，俯见一突石，颇觉秀蔚。至则一发僧结庵于前，恐风自洞来，以石甃塞其门，大为叹惋。复上至太白，循路登绝顶。荒草靡靡，山高风冽，草上结霜高寸许，而四山回映，琪花玉树，玲珑弥望。岭角山花盛开，顶上反不吐色，盖为高寒所勒耳。

仍下华顶庵，过池边小桥，越三岭。溪回山合，木石森丽，一转一奇，殊慊[④]所望。二十里，过上方广，至石梁，礼佛昙花亭，不暇细观飞瀑。下至下方广，仰视石梁飞瀑，忽在天际。闻断桥、珠帘尤胜，僧言饭后行，犹及往返，遂由仙筏桥向山后。越一岭，沿涧八九里，水瀑从石门泻下，旋转三曲。上层为断桥，两石斜合，水碎迸石间，汇转入潭；中层两石对峙如门，水为门束，势甚怒；下层潭口颇阔，泻处如阈，水从坳中斜下。三级俱高数丈，各级神奇，但循级而下，宛转处为曲所遮，不能一望尽收，又里许，为珠帘水，水倾下处甚平阔，其势散缓，滔滔汩汩。余赤足跳草莽中，揉木缘崖，莲舟不能从。暝色四下，始返。停足仙筏桥，观石梁卧虹，飞瀑喷雪，几不欲卧。

【注释】

①烨烨：原指火燃极旺，此指日炽。

②太白堂：相传为李白读书之地。

③黄经洞：据传王羲之写的《黄庭经》藏于此地，

故名。

④慊：满足。

【原文】

初四日 天山一碧如黛。不暇晨餐，即循仙筏上昙花亭，石梁即在亭外。梁阔尺余，长三丈，架两山坳间。两飞瀑从亭左来，至桥乃合以下坠，雷轰河隤[①]。余从梁上行，下瞰深潭，毛骨俱悚。梁尽，即为大石所隔，不能达前山，乃还。过昙花，入上方广寺。循寺前溪，复至隔山大石上，坐观石梁。为下寺僧促饭，乃去。饭后，十五里，抵万年寺，登藏经阁。阁两重，有南北经两藏。寺前后多古杉，悉三人围，鹤巢于上，传声嘹呖[②]，亦山中一清响也。是日，余欲向桐柏宫，觅琼台、双阙，路多迷津，遂谋向国清。国清去万年四十里，中过龙王堂。每下一岭，余谓已在平地，及下数重，势犹未止，始悟华顶之高，去天非远。日暮，入国清，与云峰相见，如遇故知，与商探奇次第。云峰言："名胜无如两岩，虽远，可以骑行。先两岩而后步至桃源，抵桐柏，则翠城、赤城，可一览收矣。"

【注释】

①隤：原意为垮塌，此处指河水奔流不止。

②嘹呖：声音响亮而清远。

【原文】

初五日 有雨色，不顾，取寒、明两岩道，由寺[①]向西门觅骑。骑至，雨亦至。五十里至步头，雨止，骑去。二里，入山，峰萦水映，木秀石奇，意甚乐之。一溪从东

骑行

阳来，势甚急，大若曹娥。四顾无筏，负奴背而涉。深过于膝，移渡一涧，几一时。三里，至明岩。明岩为寒山、拾得隐身地，两山回曲，《志》所谓八寸关也。入关，则四周峭壁如城。最后，洞深数丈，广容数百人。洞外，左有两岩，皆在半壁。右有石笋突耸，上齐石壁，相去一线，青松紫蕊，蓊苁[②]于上，恰与左岩相对，可称奇绝。出八寸关，复上一岩，亦左向。来时仰望如一隙，及登其上，明敞容数百人。岩中一井，曰仙人井，浅而不可竭。岩外一特石，高数丈，上岐立如两人，僧指为寒山、拾得云。入寺。饭后云阴溃散，新月在天，人在回崖顶上，对之清光[③]溢壁。

【注释】

①寺：国清寺。

②蓊苁：草木茂盛。

③清光：明亮的月光。

【原文】

初六日　凌晨出寺[①]，六七里至寒岩。石壁直上如劈，仰视空中，洞穴甚多。岩半有一洞，阔八十步，深百余步，平展明朗。循岩石行，从石隘仰登。岩坳有两石对耸，下分上连，为鹊桥，亦可与方广石梁[②]争奇，但少飞瀑直下耳。还饭僧舍，觅筏渡一溪。循溪行山下，一带峭壁巉崖，草木盘垂其上，内多海棠紫荆，映荫溪色[③]，香风来处，玉兰芳草，处处不绝。已至一山嘴，石壁直竖涧底，涧深流驶，旁无余地。壁上凿孔以行，孔中仅容半趾脚，逼身[④]而过，神魄为动，自寒岩十五里，至步头，从小路向桃源。桃源在护国寺旁，寺已废，土人茫无知者。随云峰莽行曲路中，日已堕，竟无宿处，乃复问至坪头潭。潭去步头仅二十里，今从小路，返迂回三十余里宿。信桃源误人也。

初七日 自坪头潭行曲路中三十余里，渡溪入山。又四五里，山口渐夹，有馆曰桃花坞。循深潭而行，潭水澄碧，飞泉自上来注，为鸣玉涧。涧随山转，人随涧行。两旁山皆石骨，攒峦夹翠，涉目成赏，大抵胜在寒、明两岩间。涧穷路绝，一瀑从山坳泻下，势甚纵横。出饭馆中，循坞⑤东南行，越两岭，寻所谓“琼台”、“双阙”，竟无知者。去数里，访知在山顶。与云峰循路攀援，始达其巅。下视峭削环转，一如桃源，而翠壁万丈过之。峰头中断，即为双阙。双阙所夹而环者，即为琼台。台三面绝

桃源

壁，后转即连双阙。余在对阙，日暮不及复登，然胜风景已一日尽矣。遂下山，从赤城后还国清，凡三十里。

初八日　离国清，从山后五里，登赤城。赤城山顶圆壁特起，望之如城，而石色微赤。岩穴为僧舍凌杂，尽掩天趣。所谓玉京洞、金钱池、洗肠井，俱无甚奇。

【注释】

①寺：明岩寺。

②方广石梁：位于中方广寺前的瀑布，是天台山最大的瀑布。

③映荫溪色：溪水呈现花的倒影。

④逼身：指将身体紧贴墙壁。

⑤坞：洼。

游雁宕山日记

【释题】

雁宕山，简称雁山。因其山顶有积水长草之洼地，又传秋时归雁多宿于此，所以此山亦名雁荡山，今多用此名。其山在浙江温州地区，并分为南、中、北三段，北雁荡山面积最大，其中的灵峰、灵岩、太龙湫为雁荡三绝。

该记主要记叙了作者游览北雁荡山一路所见。记中，作者不仅对北雁荡山主要景观——灵峰、灵岩、大龙湫三绝加以详尽描绘，同时也对许多细微奇景，如龙鼻水、老僧岩、独秀峰等，进行了描绘。

该记层次分明，语言生动，尤其对山形水势之细微区别的把握极见功夫。写景亦非单独写景，而是极大地融进观察者的主观感受，读起来倍添真实感，十分具有感染力，特别是十三日、十四日的日记，文字优美，内容丰富，亦景亦情。

【原文】

自初九日别台山，初十日抵黄岩。日已西，出南门三十里，宿于八岙。

十一日 二十里，登盘山岭。望雁山诸峰，芙蓉插天，片片扑人眉宇。又二十里，饭大荆驿。南涉一溪，见西峰上缀圆石，奴辈指为两头陀，余疑即老僧岩，但不甚肖。五里，过章家楼，始见老僧真面目：袈衣秃顶[①]，宛然兀立，高可百尺。侧又一小童伛偻于后，向为老僧所掩耳。自章楼二里，山半得石梁洞。洞门东向，门口一梁，自顶斜插于地，如飞虹下垂。由梁侧隙中层级而上，高敞空豁。坐顷之，下山。由右麓逾谢公岭，渡一涧，循涧西行，即灵峰道也。一转，山腋两壁峭立亘天，危峰乱叠，如削如攒，如骈笋，如挺芝，如笔之卓，如幞[②]之欹[③]。洞有口如卷幕者，潭有碧如澄靛[④]者。双鸾、五老[⑤]，按翼联肩。如此里许，抵灵峰寺。循寺侧登灵峰洞。峰中空，特立寺后，侧有隙可入。由隙历磴数十级，直至窝顶。则窅然平台圆敞，中有罗汉诸像。坐玩至暝色，返寺。

【注释】

①袈衣秃顶：光着头身穿袈裟。

②幞：头巾。

③欹：倾斜。

④靛：青蓝色染料。

⑤双鸾、五老：即斗鸡峰、五老峰。

【原文】

十二日　饭后，从灵峰右趾觅碧霄洞。返旧路，抵谢公岭下。南过响岩，五里，至净名寺[①]路口。入觅水帘谷，乃两崖相夹，水从崖顶飘下也。山谷五里，至灵岩寺[②]。绝壁四合，摩天劈地，曲折而入，如另辟一寰界。寺居其中，南向，背向屏霞嶂。嶂[③]顶齐而色紫，高数百丈，阔亦称之。嶂之最南，左为展旗峰，右为天柱峰。嶂之右胁，介于天柱者，先为龙鼻水。龙鼻之穴，从石罅直上，似灵峰洞而小。穴内石色俱黄紫，独罅口石纹一缕，青绀[4]润泽，颇有鳞爪之状。自顶贯入洞底，垂下一端如鼻，鼻端孔可容指，水自内滴下注石盆。此嶂右第一奇也。西南为独秀峰[5]，小于天柱，而高锐不相下。独秀之下为卓笔峰[6]，高半独秀，锐亦如之。两峰南坳，轰然下泻者，小龙湫也。隔龙湫与独秀相对者，玉女峰也。顶有春花，宛然插髻，自此过双鸾，即极于天柱[7]。双鸾止两峰并起，峰际有“僧拜石”，袈裟伛偻，肖矣。由嶂之左胁，介于展旗者，先为安禅谷，谷即屏霞之下岩。东南为石屏风，形如屏霞，高阔各得其半，正插屏霞尽处。屏风顶有“蟾蜍石”，与嶂侧“玉龟”相向。屏风南去，展旗侧褶中，有径直上，磴级尽处，石阈[8]限之。俯阈而窥，下临无地，上嵌崆峒。外有二圆穴，侧有一长穴，光自穴中射入，别有一境，是为天聪洞，则嶂左第一奇也。锐峰叠嶂，左右环向，奇巧百出，真天下奇观！而小龙湫下流，经天柱、展旗，桥跨其上，山门临之。桥外含珠岩在天柱之麓，顶珠峰在展旗之上。此又灵岩之外观也。

【注释】

①净名寺：位于雁荡山灵峰南。

②灵岩寺：位于雁荡山灵峰前。

③嶂：高险如屏障的山顶。

④绀：红青色。

⑤独秀峰：位于雁荡山东谷。

⑥卓笔峰：位于独秀峰下方。

⑦天柱：即灵岩寺西的天柱峰。

⑧石阈：状如门槛的石头。

【原文】

十三日　出山门，循麓而右，一路崖壁参差，流霞映彩。高而展者为板嶂岩。岩下危立而尖夹者为小剪刀峰。更前，重岩之上，一峰亭亭插天，为观音岩。岩侧则马鞍岭横亘于前。鸟道[①]盘折，逾坳右转，溪流汤汤[②]，涧底石平如砥。沿涧深入，约去灵岩十余里，过常云峰，则大剪刀峰介立涧旁。剪刀之北，重岩陡起，是名连云峰。从此环绕回合，岩穷矣。龙湫[③]之瀑，轰然下捣潭中，岩势开张峭削，水无所着，腾空飘荡，顿令心目眩怖。潭上有堂，相传为诺讵那[④]观泉之所。堂后层级直上，有亭翼然。面瀑踞坐久之，下饭庵中，雨廉纤不止[⑤]，然余已神飞雁湖山顶。遂冒雨至常云峰，由峰半道松洞外，攀绝磴三里，趋白云庵。人空庵圮，一道人在草莽中，见客至，望望去。再入一里，有云静庵，乃投宿焉。道人清隐，卧床数十年，尚能与客谈笑。余见四山云雨凄凄，不能不为明晨忧也。

【注释】

①鸟道：形容道路蜿蜒险阻。

②汤汤：水势急的样子。

③湫：瀑布下的潭。

④诺讵那：西域僧人，据传为雁荡山的开山鼻祖。

⑤雨廉纤不止：细雨下个不停。

【原文】

十四日　天忽晴朗，乃强清隐徒为导。清隐谓湖中草满，已成芜田，徒复有他行，但可送至峰顶。余意至顶，湖可坐得，于是人捉一杖，跻攀深草中，一步一喘，数里，始历高巅。四望白云，迷漫一色，平铺峰下。诸峰朵朵，仅露一顶，日光映之，如冰壶瑶界，不辨海陆。然海中玉环一抹，若可俯而拾也。北瞰山坳壁立，内石笋森森，参差不一。三面翠崖环绕，更胜灵岩。但谷幽境绝，惟闻水声潺潺，莫辨何地。望四面峰峦累累，下伏如丘垤[①]，惟东峰昂然独上，最东之常云犹堪比肩。

导者告退，指湖在西腋一峰，尚须越三尖。余从之，及越一尖，路已绝。再越一尖，而所顶已在天半。自念《志》云："宕在山顶，龙湫之水，即自宕来。"今山势渐下，而上湫之涧却自东高峰发脉，去此已隔二谷。遂返辙而东，望东峰之高者趋之，莲舟疲不能从。由旧路下，余与二奴东越二岭，人迹绝矣。已而山愈高，脊愈狭，两边夹立，如行刀背。又石片棱棱怒起，每过一脊，即一峭峰，皆从刀剑隙中攀援而上。如是者三，但见境不容足，安能容湖？既而高峰尽处，一石如劈，向惧石锋撩人，至是且无锋置足矣！踌躇崖上，不敢复向故道。俯瞰南面石壁下有一级，遂脱奴足布四条，悬崖垂空，先下一奴，余次从之，意可得攀援之路。及下，仅容足，无余地。望岩下斗[②]深百丈，欲谋复上，而上岩亦嵌空三丈余，不能飞陟[③]。持布上试，布为突石所勒，忽中断。复续悬之，竭力腾挽，得复登上岩。出险，还云静庵，日已渐西。主仆衣履俱敝，寻湖之兴衰矣。遂别而下，复至龙湫，则积雨之后，怒涛倾注，变幻极势，轰雷喷雪，大倍于昨。坐至暝[④]始出，南行四里，宿能仁寺。

【注释】

①丘垤：即小土堆。

②斗：同“陡”。

③陟：登。

④暝：日落。

【原文】

十五日　寺后觅方竹数握，细如枝。林中新条，大可径寸，柔不中杖[①]，老柯斩伐殆尽矣！遂从岐度。四十九盘，一路遵海而南，逾窑吞岭，往乐清。

【注释】

①柔不中杖：太柔软，不宜做拐杖。

游白岳山日记

【释题】

徐霞客遍游白岳山（今称齐云山）时，正好是正月，记中记载了他"冒雪蹑水"的旅程。这段不畏艰难的旅程不仅让他得以尽享山色美景，更让他观赏到了"冰花玉树"。

该记对具体景致的记叙不甚详细，此山有36峰、72崖，文中皆无具述。文章语气急促，可见当时作者游历的匆匆及渴望遍游全山的心情。尽管如此，作者对某些胜景，如香炉峰、天门、石桥岩、龙涎泉、龙井等，都有较细致的描绘。想当时天气恶劣，道路艰险，作者仍能如此尽力游览并作记，殊为不易。

【原文】

丙辰岁（1616年），余同浔阳叔翁，于正月二十六日，至徽之休宁。出西门。其溪自祁门县来，经白岳，循县而南，至梅口，会郡溪入浙。循溪而上，二十里，至南渡。过桥，依山麓十里，至岩下已暮。登山五里，借庙中灯，冒雪蹑冰，二里，过天门里许，入榔梅庵。路经天门、珠帘之胜，俱不暇辨，但闻树间冰响铮铮。入庵后，大霰①作，浔阳与奴子俱后，余独卧山房，夜听水声屋溜②，竟不能寐。

【注释】

①大霰：雪珠。

②屋溜：滴水声。

【原文】

二十七日 起视满山，冰花玉树，迷漫一色。坐楼中，适浔阳并奴至，乃登太素宫。宫北向，元帝像乃百鸟衔泥所成，色黧[①]黑。像成于宋，殿新于嘉靖三十七年，庭中碑文，世庙御制也。左右为王灵官、赵元帅殿，俱雄丽。背倚玉屏[②]，前临香炉峰。峰突起数十丈，如覆钟，未游台、宕者或奇之。出庙左，至舍身崖，转而上为紫玉屏，再西为紫霄崖，俱危耸杰起。再西为三姑峰、五老峰，文昌阁据其前。五老比肩，不甚峭削，颇似笔架。

返榔梅，循夜来路，下天梯。则石崖三面为围，上覆下嵌，绝似行廊。循崖而行，泉飞落其外，为珠帘水。嵌之深处，为罗汉洞，外开内伏，深且十五里；东南通南渡。崖尽处为天门。崖石中空，人出入其间，高爽飞突，正如阊阖[③]。门外乔楠中峙，蟠青丛翠[④]。门内石崖一带，珠帘飞洒，奇为第一。返宿庵中访五井桥崖之胜，羽士[⑤]即道士汪伯化，约明晨同行。

【注释】

①黧：黑色中带黄。

②玉屏：即齐云岩。

③阊阖：传说中的天门。

④蟠青丛翠：此句描绘树木挺拔苍翠，繁茂的样子。

⑤羽士：道士。

【原文】

二十八日 梦中闻人言大雪，促奴起视，弥山漫谷矣。余强卧。巳刻，同伯化蹑屐二里，复抵文昌阁。览地天一色，虽阻游五井，更益奇观。

二十九日 奴子报："云开，日色浮林端矣。"急披衣起，青天一色，半月来所未睹；然寒威殊甚。方促伯化共饭。饭已，大雪复至，飞积盈尺。偶步楼侧，则香炉峰正峙其前。楼后出一羽士，曰程振华者，为余谈九井、桥岩、傅岩诸胜。

三十日 雪甚，兼雾浓，咫尺不辨。伯化携酒至舍身崖，饮睇[1]元阁；阁在崖侧。冰柱垂垂，大者竟丈。峰峦灭影，近若香炉峰，亦不能见。

【注释】

①饮睇：边饮边看。

【原文】

二月初一日 东方一缕云开，已而大朗。浔阳以足裂留庵中。余急同伯化蹑西天门而下。十里，过双溪街，山势已开。五里，山复渐合，溪环石映，倍有佳趣。三里，由溪口循小路入，越一山。二里，至石桥岩。桥侧外岩，高亘如白岳之紫霄。岩下俱因岩为殿。山石皆紫，独有一青石龙，蜿蜒于内，头垂空尺余；水下滴曰龙涎泉，颇如雁宕龙鼻水。岩之右，一山横跨而中空，即石桥也。飞虹垂蛛[1]，下空恰如半月。坐其下。隔山一岫[2]特起，拱对其上，众峰环侍，较胜齐云天门。即天台石梁，止一石架两山间；此以一山高架，而中空其半，更灵幻矣。穿桥而入，里许，为内岩。上有飞泉飘洒，中有僧斋，颇胜。

还饭于外岩。觅导循崖左下，灌莽中，两山夹涧，路棘雪迷，行甚艰。导者劝余趋傅岩，不必向观音岩。余恐不能兼棋盘、龙井之胜，不许。行二里，得涧一泓，深碧无底，亦"龙井"也。又三里，崖绝涧穷，悬瀑忽自山坳挂

悬瀑

下数丈，亦此中奇境。转而上跻[3]，行山脊二里，则棋盘石高峙山巅，形如擎菌，大且数围。登之，积雪如玉。回望傅岩，屼嵲[4]云际。由彼抵棋盘亦近，悔不从导者。石旁有文珠庵，竹石清映。转东而南，二里，越岭二重，山半得观音岩。禅院清整，然无奇景，尤悔觌[5]面失傅岩也。仍越岭，东下深坑，石涧四合，时有深潭，大为渊，小如臼，皆云“龙井”，不能别其孰为“五”，孰为“九”。凡三里，石岩中石脉隐隐，导者指其一为青龙，一为白龙，余笑颔之。又乱崖间望见一石嵌空，有水下注，外有横石跨之，颇似天台石梁。伯化以天且晚，请速循涧觅大龙井。忽遇僧自黄山来，云：“出此即大溪，行将何观？”遂返。

里余，从别径向漆树园。行石乱流间，返照映深木，一往幽丽。三里跻其巅，余以为高埒[6]齐云；及望之，则文昌阁犹巍然也。五老峰正对阁而起。五老之东，为独耸寨；循其坳而出，曰西天门，五老之西，为展旗峰；由其下而渡，曰芙蓉桥。余向出西天门，今自芙蓉桥入也。余望三姑之旁，犹殢[7]日色，遂先登，则落照正在五老间。归庵已晚餐矣，相与追述所历，始知大龙井正在大溪口，足趾已及，而为僧所阻，亦数也！

【注释】

①蝀：虹。

②岫：山洞。

③跻：登。

④屼嵲：高耸之意。

⑤觌：指相见。

⑥埒：相等，等同。

⑦殢：滞留。

游黄山日记

【释题】

黄山，原名黟山，唐代天宝年后改为黄山，并延用至今。黄山位于安徽歙县与太平县间，面积约154平方千米。黄山风景以奇松、怪石、云海、温泉最著名。徐霞客在此日记中对黄山的奇松及云海推崇备至。

此记是徐霞客初游黄山时所作。黄山是继白岳山后，徐霞客所游览的又一名山。该记颇为详细地记叙了黄山的几大旅游资源和景色特点，对天都、莲花二峰也有侧面描绘，对石笋矼、天平矼等胜景则赞颂备至。同时，文中也记录了作者一路游程的艰险，如踏雪寻径、凿冰开路等。

该记颇能显示徐霞客写景状物的功夫，文中遣词造句都很精当巧妙，其章法开合得度、松紧适中，对雪光山色的渲染也使具体各景相得益彰。该记可以看作是作者对黄山胜景的总体描绘，有此基础，他的第二篇黄山日记便可留出更大的空间来细述黄山天都、莲花二峰以及黄山雾海。

【原文】

初二日　自白岳下山，十里，循麓而西，抵南溪桥。渡大溪，循别溪，依山北行。十里，两山峭逼如门，溪为之束。越而下，平畴颇广。二十里为猪坑。由小路登虎岭，路甚峻。十里至岭。五里，越其麓。北望黄山诸峰，片片可掇[①]。又三里，为古楼坳。溪甚阔，水涨无梁，木片弥满布一溪，涉之甚难。二里，宿高桥。

【注释】

①掇：拾取。

【原文】

初三日 随樵者行，久之，越岭二重。下而复上，又越一重；两岭俱峻，曰双岭。共十五里，过江村。二十里，抵汤口，香溪、温泉诸水所由出者。折而入山，沿溪渐上，雪且没趾。五里，抵祥符寺。汤泉[①]在隔溪，遂俱解衣赴汤池。池前临溪，后倚壁，三面石甃，上环石如桥。汤深三尺，时凝寒未解，面汤气郁然，水泡池底汩汩起，气本香冽。黄贞父谓其不及盘山，以汤口、焦村孔道，浴者太杂遝[②]出。浴毕，返寺。僧挥印引登莲花庵，蹑雪循涧以上。涧水三转，下注而深泓者，曰白龙潭。再上而停涵石间者，曰丹井。井旁有石突起，曰"药臼"，曰"药铫"[③]。宛转随溪，群峰环耸，木石掩映。如此一里，得一庵，僧印我他出，不能登其堂。堂中香炉及钟鼓架，俱天然古木根所为。遂返寺宿。

【注释】

①汤泉：即黄山温泉，又名朱砂泉。

②遝：即杂乱。

③药铫：即小铁锅。

【原文】

初四日 兀坐听雪溜竟日。

初五日　云气甚恶，余强卧至午起。挥印言慈光寺颇近，令其徒引。过汤地，仰见一崖，中悬鸟道，两旁泉泻如练。余即从此攀跻上，泉光云气，撩绕衣裾。已转而右，则茅庵上下，磬韵香烟，穿石而出，即慈光寺也。寺旧名珠砂庵。比丘为余言："山顶诸静室，径为雪封者两月。今早遣人送粮，山半雪没腰而返。"余兴大阻，由大路二里下山，遂引被卧。

初六日　天色甚朗。觅导者各携筇[①]上山，过慈光寺。从左上，石峰环夹，其中石级为积雪所平，一望如玉。疏木茸茸中，仰见群峰盘结，天都独巍然上挺。数里，级愈峻，雪愈深，其阴处冻雪成冰，坚滑不容着趾。余独前，持杖凿冰，得一孔置前趾，再凿一孔，以移后趾。从行者俱循此法得度。上至平冈，则莲花、云门诸峰，争奇竞秀，若为天都拥卫者。由此而入，绝巘[②]危崖，尽皆怪松悬结。高者不盈丈，低仅数寸，平顶短鬣，盘根虬干，愈短愈老，愈小愈奇，不意奇山中又有此奇品也！松石交映间，冉冉僧一群从天而下，俱合掌言："阻雪山中已三月，今以觅粮勉到此。公等何由得上也？"且言："我等前海诸庵，俱已下山，后海山路尚未通，惟莲花洞可行耳。"已而从天都峰侧攀而上，透峰罅而下，东转即莲花洞路也。余急于光明顶、石笋矼[③]之胜，遂循莲花峰而北。上下数次，至天门。两壁夹立，中阔摩肩，高数十丈，仰面而度，阴森悚骨。其内积雪更深，凿冰上跻，过此得平顶，即所谓前海也。由此更上一峰，至平天矼。矼之兀突独耸者，为光明顶。由矼而下，即所谓后海也。盖平天矼阳为前海，阴为后海，乃极高处，四面皆峻坞，此独若平地。前海之前，天都莲花二峰最峻，其阳属徽之

劲松

歙[4]，其阴属宁之太平。

余至平天矼，欲望光明顶而上。路已三十里，腹甚枵[5]，遂入矼后一庵。庵僧俱踞石向阳。主僧曰智空，见客色饥，先以粥饷。且曰："新日太皎，恐非老晴。"因指一僧谓余曰："公有余力，可先登光明顶而后中食，则今日犹可抵石笋矼，宿是师处矣。"余如言登顶，则天都、莲花并肩其前，翠微、三海门环绕于后，下瞰绝壁峭岫，罗列坞中，即丞相原也。顶前一石，伏而复起，势若中断，独悬坞中，上有怪松盘盖。余侧身攀踞其上，而浔阳踞大顶相对，各夸胜绝。

下入庵，黄粱已熟。饭后，北向过一岭，踯躅菁莽中，入一庵，曰狮子林，即智空所指宿处。主僧霞光，已待我庵前矣。遂指庵北二峰曰："公可先了此胜。"从之。俯窥其阴，则乱峰列岫，争奇并起。循之西，崖忽中断，架木连之，上有松一株，可攀引而度，所谓接引崖也。度崖，空石罅而上，乱石危缀间，构木为室，其中亦可置足，然不如踞石下窥更雄胜耳。下崖，循而东，里许，为石笋矼。矼脊斜亘，两夹悬坞中，乱峰森罗，其西一面，即接引崖所窥者。矼侧一峰突起，多奇石怪松。登之俯瞰壑中，正与接引崖对瞰，峰回岫转，顿改前观。

下峰，则落照拥树，谓明晴可卜，踊跃归庵。霞光设茶，引登前楼。西望碧痕一缕，余疑山影。僧谓："山影夜望甚近，此当是云气。"余默然，知为雨兆也。

【注释】

①筇：手杖。

②岘：大小成两截的山。

③矼：又作“杠”。

④歙：地名。

⑤枵：变虚，即肚子很饿。

【原文】

初七日 四山雾合。少顷，庵之东北已开，西南腻甚[①]，若以庵为界者，即狮子峰亦在时出时没间。晨餐后，由接引崖践雪下。坞半一峰突起，上有一松，裂石而出，巨干高不及二尺，而斜拖曲结，蟠翠三丈余，其根穿石上下，几与峰等，所谓“扰龙松”是也。

攀玩移时，望狮子峰已出，遂杖而西。是峰在庵西南，为案山。二里，蹑其巅，则三面拔立坞中，其下森峰列岫，自石笋、接引两坞迤逦[②]至此，环结又成一胜。登眺间，沉雾渐爽，急由石笋矼北转而下，正昨日峰头所望森阴径也。群峰或上或下，或巨或纤，或直或欹，与身穿绕而过。俯窥辗顾，步步生奇，但壑深雪厚，一步一悚。

行五里，左峰腋一窦透明，曰“天窗”。又前，峰旁一石突起，作面壁状，则“僧坐石”也。下五里，径稍夷，循涧而行。忽前涧乱石纵横，路为之塞。越石久之，一阙新崩，片片欲堕，始得路。仰视峰顶，黄痕一方，中间绿字，宛然可辨，是谓“天牌”，亦谓“仙人榜”。又前，鲤鱼石；又前，白龙池；共十五里。一茅出涧边，为松谷庵旧基。再五里，循溪东西行，又过五水，则松谷庵矣。再循溪下，溪边香气袭人，则一梅亭亭正发，山寒稽[③]雪，至是始芳！抵青龙潭，一泓深碧，更会两溪，比白龙潭势既雄壮，而大石磊落，奔流乱注，远近群峰环拱，亦佳境也。还餐松谷，往宿旧庵。余初至松谷，疑已平地，及是询之，须下岭二重，二十里方得平地，至太平县共三十五里云。

【注释】

①腻甚：指雾气凝滞厚重。

②迤逦：蜿蜒曲折的样子。

③稽：残留。

【原文】

初八日 拟寻石笋奥境，竟为天夺，浓雾迷漫。抵狮子林，风愈大，雾亦愈厚。余急欲趋炼丹台，遂转西南。三里，为雾所迷，偶得一庵，入焉。雨大至，遂宿此。

初九日 逾午少霁[①]。庵僧慈明，甚夸西南一带峰岫，不减石笋矼，有"秃颅朝天"、"达摩面壁"诸名。余拉浔阳蹈乱流至壑中，北向即翠微诸峦，南向即丹台[②]诸坞，大抵可与狮峰竞驾，未得比肩石笋也。雨踵至，急返庵。

【注释】

①霁：晴。

②丹台：炼丹台。

【原文】

初十日 晨，雨如注，午少停。策杖二里，过飞来峰，此平天矼之西北岭也。其阳坞中，峰壁森峭，正与丹台环绕。二里抵台。一峰西垂，顶颇平伏。三面壁翠合沓[①]，前一小峰起坞中，其外则翠微峰、三海门蹄股拱峙[2]。登眺久之。东南一里，绕出平天矼下。雨复大至，急下天门。两崖隘肩，崖额飞泉，俱从人顶泼下。出天门，危崖悬叠，路缘崖半[3]，比后海一带森峰峭壁，又转一境。“海螺石”即在崖旁，宛转酷肖，来时忽不及察，今行雨中，颇稔[4]其异，询之始知。已趋大悲庵，由其旁复趋一庵，宿悟空上人处。

十一日 上百步云梯。梯磴插天，足趾及腮，而磴石倾侧峆岈，兀兀[5]欲动；前下时以雪掩其险，至此骨意俱悚。上云梯，即登莲花峰道。又下转，由峰侧而入，即文殊院、莲花洞道也。以雨不止，乃下山，入汤院，复浴。由汤口出，二十里，抵芳村；十五里，抵东潭，溪涨不能渡而止。黄山之流，如松谷、焦村，俱北出太平。即南流如汤口，亦北转太平入江。惟汤口西有流，至芳村而巨，南趋岩镇，至府西北与绩溪会。

【注释】

①合沓：重合，重叠。

②蹄股拱峙：像腿脚般环立守护着。

③路缘崖半：道路延山崖向外延伸。

④稔：熟稔，熟悉。

⑤兀兀：挺立高耸。

游武彝山日记

【释题】

徐霞客游览黄山后，即入福建崇安，开始了他的武彝之旅。武彝山亦称武夷山，位于福建崇安县城南15千米处，方圆60千米，有36峰布列在武彝溪两岸。溪水清碧，浪环九曲。乘竹筏游溪，可兼览山水之胜。

武彝山为福建著名风景区，山中奇景甚多，特别是武彝溪两岸，除了有自然天成的石峰涧水外，还有悬棺这一人文景观，记中所记之“架壑舟”即是船形悬棺。徐霞客先是乘船沿溪而行，记述了武彝山中36峰之大部分山峰。其记以溪水回曲为线索，几乎每曲都有不同景观，然后登陆从山中行，对山中寺庙以及飞瀑林木都一一历尽，游记语言徐缓自然，行笔正如慢水行舟，十分舒畅。但本记似乎并无浓墨重彩之处，大概因其景色难分高下，难以取舍所致。

【原文】

二月二十一日 （1616年），出崇安南门，觅舟。西北一溪自分水关，东北一溪自温岭关，合注于县南，通郡省而入海。顺流三十里，见溪边一峰横欹，一峰独耸。余咤而瞩目[①]，则欹者幔亭峰，耸者大王峰也。峰南一溪，东向而入大溪者，即武彝溪也。冲祐宫傍峰临溪。余欲先抵九曲，然后顺流探历，遂舍宫不登，逆流而进。流甚驶，舟子跣行溪间以挽舟。第一曲，右为幔亭峰、大王峰，左为狮子峰、观音岩；而溪右之濒水者曰水光石，上题刻殆遍。二曲之右，为铁板嶂、翰墨岩，左为兜鍪峰、玉女峰，而板嶂之旁，崖壁峭立，间有三孔，作“品”字状。三曲右为会仙岩，左为小藏峰、大藏峰。大藏壁立千仞，崖端穴数孔，乱插木板如机杼。一小舟斜架穴口木末，号曰“架壑舟”。四曲右为钓鱼台、希真岩，左为鸡栖岩、晏仙岩。鸡栖岩半有洞，外隘狭窄中宏，横插木板，宛然埘桀[2]。下一潭深碧，为卧龙潭。其右大隐屏、接笋峰，左更衣台、天柱峰者，五曲也。文公书院正在大隐屏下。抵六曲，右为仙掌岩、天游峰，左为晚对峰、响声岩。回望隐屏、天游之间，危梯飞阁悬其上，不胜神往。而舟亦以溜急不得进，还泊曹家石。

登陆，入云窝，排云穿石，俱从乱崖中宛转得路。窝后即接笋峰。峰骈[3]附于大隐屏，其腰横两截痕，故曰“接笋”。循其侧石隘，跻磴数层，四山环翠，中留隙地如掌者，为茶洞。洞口由西入，口南为接笋峰，口北为仙掌岩。仙掌之东为天游，天游之南为大隐屏。诸峰上皆峭绝，而下复攒凑，外无磴道，独西通一罅，比天台之明岩更为奇矫也。从其中攀跻登隐屏，至绝壁处，悬大木为梯，贴壁直竖云间。梯凡三接，级共八十一。级尽，有铁索横系山腰，下凿坎受足。攀索转峰而西，夹壁中有冈介其间，若垂尾，凿磴以登，即隐屏顶也。有亭有竹，四面悬崖，凭空下眺，真仙凡夐[4]隔。仍悬梯下，至茶洞。仰视所登之处，崭然在云汉。

隘口北崖即仙掌岩。岩壁屹立雄展，中有斑痕如人

泉泻绝壁

掌，长盈丈者数十行。循岩北上，至岭，落照侵松，山光水曲，并加入览。南转，行夹谷中。谷尽，忽透出峰头，三面壁立，有亭踞其首，即天游峰⑤矣。是峰处九曲之中，不临溪，而九曲之溪，三面环之。东望为大王峰，而一曲至三曲之溪环之。南望为更衣台，南之近者，则大隐屏诸峰也，四曲至六曲之溪环之。西望为三教峰，西之近者，则天壶诸峰也，七曲至九曲之溪环之。惟北向无溪，而山从水帘诸山层叠而来，至此中悬。其前之俯而瞰者，即茶洞也。自茶洞仰眺，但见绝壁干霄，泉从侧间泻下，初不知其上有峰可憩。其不临溪而能尽九溪之胜，此峰固应第一也。立台上，望落日半规，远近峰峦，青紫万状。台后为天游观。亟辞去，抵舟已入暝矣。

【注释】

①瞩目：感到吃惊而注目凝望。

②埘桀：鸡巢中鸡栖息的小木桩。

③骈：并列。

④敻：远。

⑤天游峰：位于五曲隐屏峰后方。

【原文】

二十二日　登涯，辞仙掌而西。余所循者，乃溪之右涯，其隔溪则左涯也。第七曲右为三仰峰、天壶峰，左为城高岩。三仰之下为小桃源，崩崖堆错，外成石门。由门伛偻而入，有地一区，四山环绕，中有平畦曲涧，围以苍松翠竹，鸡声人语，俱在翠微中。出门而西，即为北廊岩，岩顶即为天壶峰。其对岸之城高岩矗然独上，四旁峭削如城。岩顶有庵，亦悬梯可登，以隔溪不及也。第八曲右为鼓楼岩、鼓子岩，左为大廪石、海蚱石。余过鼓楼岩之西，折而北行坞中，攀援上峰顶，两石兀立如鼓，鼓子岩也。岩高亘亦如城，岩下深坳一带如廊，架屋横栏其内，曰鼓子庵。仰望岩上，乱穴中多木板横插。转岩之后，壁间一洞更深敞，曰吴公洞。洞下梯已毁，不能登。望三教峰而趋，缘山越磴，深木蓊苁其上。抵峰，有亭缀其旁，可东眺鼓楼、鼓子诸胜。山头三峰，石骨挺然并矗。从石罅间蹑磴而升，傍崖得一亭。穿亭入石门，两崖夹峙，壁立参天，中通一线，上下尺余，人行其间，毛骨阴悚。盖三峰攒立，此其两峰之罅。其侧尚有两罅，无此整削。

已下山，转至山后，一峰与猫儿石相对峙，盘亘亦如鼓子，为灵峰之白云洞。至峰头，从石罅中累级而上，两壁夹立，颇似黄山之天门。级穷，迤逦至岩下，因崖架屋，亦如鼓子。登楼南望，九曲上游，一洲中峙，溪自西来，分而不之，至曲复合为一。洲外两山渐开，九曲已尽。是岩在九曲尽处，重岩回叠，地甚幽爽。岩北尽处，更有一岩尤奇：上下皆绝壁，壁间横坳仅一线，须伏身蛇行，盘壁而度，乃可入。余即从壁坳行。已而渐低，壁渐危，则就而伛偻。愈低愈狭，则膝行蛇伏，至坳转处，上下仅悬七寸，阔止尺五。坳外壁深万仞。余匍匐以进，胸背相摩，盘旋久之，得度其险。岩果轩敞层叠，有斧凿置于中，欲开道而未就也。半晌，返前岩。更至后岩，方构新室，亦幽敞可爱。出向九曲溪，则狮子岩在焉。

循溪而返，隔溪观八曲之人面石、七曲之城高岩，种种神飞。复泊舟，由云窝入茶洞，穹窿窈窕[①]，再至矣，再不能去！已由云窝左转，入伏羲洞，洞颇阴森。左出大隐屏之阳，即紫阳书院[2]，谒[3]先生庙像。顺流鼓棹，两岩苍翠纷飞，翻[4]恨舟行之速。已过天柱峰、更衣台，泊舟四曲之南涯。自御茶园登岸，欲绕出金鸡岩之上，迷荆丛棘，不得路。乃从岩后大道东行，冀有旁路可登大藏、小藏诸峰，复不得。透出溪旁，已在玉女峰下。欲从此寻一线天，彷徨无可问，而舟泊金鸡洞下，迥不相闻。乃沿溪觅路，迤逦大藏、小藏之麓。一带峭壁高骞，砂碛崩壅，土人多植茶其上。从茗柯中行，下瞰深溪，上仰危崖，所谓“仙学堂”、“藏仙窟”，俱不暇辨。

已至架壑舟，仰见虚舟宛然，较前溪中所见更悉[5]。大藏之西，其路渐穷。向荆棘中扪壁面上，还瞰大藏西岩，亦架一舟，但两崖对峙，不能至其地也。忽一舟自二曲逆流而至，急下山招之。其人以舟来受，亦游客初至者，约余返更衣台，同览一线天、虎啸岩诸胜。过余泊舟处，并棹顺流而下，欲上幔亭，问大王峰。抵一曲之水光石，约舟待溪口，余复登涯，少入，至止止庵。望庵后有路可上，遂趋之，得一岩，僧诵经其中，乃禅岩也。登峰之路，尚在止止庵西。仍下庵前西转，登山二里许，抵峰下，从乱箐[6]中寻登仙石。石旁峰突起，作仰企状，鹤模石在峰壁罅间，霜翎朱顶，裂纹如绘。旁路穷，有梯悬绝壁间，蹑而上，摇摇欲坠。梯穷，得一岩，则张仙遗蜕也。岩在峰半，觅徐仙岩，皆石壁不可通。下梯寻别道，又不可得。蹑石则峭壁无阶，投莽则深密莫辨。佣夫在前，得断磴，大呼得路。余裂衣不顾，趋就之，复不能前。日已西薄，遂以手悬棘，乱坠而下，得道已在万年宫[7]右。趋入宫，宫甚森敞。羽士迎言，“大王峰顶久不能到，惟张岩梯在。峰顶六梯及徐岩梯，俱已朽坏。徐仙蜕已移入会真庙矣。”出宫右转，过会真庙。庙前大枫扶疏，荫数亩，围数十抱。别羽士，归舟。

【注释】

①窈窕：意即长曲深远。

②紫阳书院：南宋朱熹讲学之所。

③谒：拜见。

④翻：同“反”。

⑤悉：清楚细致。

⑥箐：树木。

⑦万年宫：道教活动中心，位于武夷溪口。

【原文】

二十三日　登陆，觅换骨岩、水帘洞诸胜。命移舟十里，候于赤石街，余乃入会真观，谒武彝君[1]及徐仙遗蜕。出庙，循幔亭东麓，北行二里，见幔亭峰后三峰骈立。异而问之，三姑峰也。换骨岩即在其旁，望之趋。登山里许，飞流汩然下泻。俯瞰其下，亦有危壁，泉从壁半突出，疏竹掩映，殊有佳致。然业已上登，不及返顾，遂从三姑又上半里，抵换骨岩，岩即幔亭峰后崖也。岩前有庵。从岩后悬梯两层，更登一岩。岩不甚深，而环绕山巅如叠嶂。土人新以木板循岩为室，曲直高下，随岩宛转。循岩隙攀跻[2]而上，几至幔亭之顶，以路塞而止。返至三姑峰麓，绕出其后，复从旧路下，至前所瞰突泉处。从此越岭，即水帘洞路。从此而下，即突泉壁也。余前从上瞰，未尽其妙，至是复造其下。仰望突泉，又在半壁之上，旁引水为碓[3]，有梯架之，凿壁为沟以引泉。余循梯攀壁，至突泉下。其坳仅二丈，上下俱危壁，泉从上壁坠坳中，复从坳中溢而下坠。坳之上下四旁，无处非水，而中有一石突起可坐。坐久之，下壁，循竹间路，越岭三重，从山腰约行七里，乃下坞。穿石门而上，半里，即水帘洞。危崖千仞，上突下嵌，泉从岩顶坠下。岩既雄扩，泉亦高散，千条万缕，悬空倾泻，亦大观也！其岩高矗上突，故岩下构室数重，而飞泉犹落槛外。

先在途闻睹阁寨颇奇，道流指余仍旧路，越山可至。余出石门，爱坞溪之胜，误走赤石街道。途人指从此度小桥而南，亦可往。从之，登山入一隘，两山夹之，内有岩有室，题额乃“杜辖岩”，土人讹为睹阁耳。再入，又得一岩，有曲槛悬楼，望赤石街甚近。遂从旧道，三里，渡一溪，又一里，则赤石街大溪也。下舟，挂帆二十里，返崇安。

【注释】

①武彝君：武彝山神。

②跻：爬。

③碓：一种舂米的器具。

游庐山日记

【释题】

庐山位于江西省北部，长约25千米，宽约10千米，略呈椭圆形。它高踞长江南岸，可东瞰鄱阳湖。山上多巉岩峭壁，奇花异树，云雾变幻不定，气候凉爽宜人。多飞瀑、溪涧，亦有深潭、平湖。徐霞客于万历四十六年（1618年）八月游此山。

庐山可说是我国最著名的旅游风景区之一。

该篇游记虽记叙的内容多为众人所知，徐霞客也未记他有特别的探险，但文章写得非常精彩，主要表现在对各山峰各流水的细致描摹，语言非常丰富，刻画各泉水、飞瀑的不同特点非常准确，特别对三叠泉瀑布的描写，非但张弛有致，描写准确，更注重了石、水、潭、山势之间的联系，加上作者自己的主观感受，为此景增添了无尽的魅力。

该记描绘多于记游，故笔法显得放纵舒畅，抒情写景也结合得很恰当，是一篇不可多得的游记佳品。

【原文】

戊午（1618年），余同兄雷门、白夫，以八月十八日至九江。易小舟，沿江南入龙开河，二十里，泊李裁缝堰。登陆，五里，过西林寺，至东林寺。寺当庐山之阴，南面庐山，北倚东林山。山不甚高，为庐之外廊。中有大溪，自东而西，驿路界其间，为九江之建昌孔道。寺前临溪，入门为虎溪桥，规模甚大，正殿夷毁，右为三笑堂。

十九日 出寺，循山麓西南行。五里，越广济桥，始舍官道，沿溪东向行。又二里，溪回山合，雾色霏霏如雨。一人立溪口，问之，由此东上为天池大道，南转登石门，为天池寺之侧径。余稔知石门之奇，路险莫能上，遂倩[①]其人为导，约二兄径至天池相待。遂南渡小溪二重，过报国寺，从碧条香蔼[②]攀陟。五里，仰见浓雾中双石屼立，即石门也。一路由石隙而入，复有二石峰对峙。路宛转峰罅，下瞰绝涧诸峰，在铁船峰旁，俱从涧底矗耸直上，离立咫尺，争雄竞秀，而层烟叠翠，澄映四外。其下喷雪奔雷。腾空震荡，耳目为之狂喜。门内对峰倚壁，都结层楼危阙。徽人邹昌明、毕贯之新建精庐[③]，僧容成焚修其间。从庵后小径，复出石门一重，俱从石崖上，上攀下蹑，磴穷则挽藤，藤绝置木梯以上。如是二里，至狮子岩。岩下有静室。越岭，路颇平。再上里许，得大道，即自郡城南来者。历级而登，殿已当前，以雾故不辨。逼之，而朱楹彩栋，则天池寺也，盖毁而新建者。由右庑侧登聚仙亭，亭前一崖突出，下临无地，曰文殊台。出寺，由大道左登披霞亭。亭侧岐路东上山脊，行三里。由此再东二里，为大林寺。由此北折而西，曰白鹿升仙台。北折而东，曰佛手岩。升仙台三面壁立，四旁多乔松，高帝御制周颠仙庙碑在其顶，石亭覆之，制甚古[④]。佛手岩穹然轩峙，深可五六丈，岩靖石歧横出，故称“佛手”。循岩侧庵右行，崖石两层，突出深坞，上平下仄，访仙台遗址也。台后石上书“竹林寺”三字。竹林为匡庐即庐山幻境，可望不可

对峰倚壁

即。台前风雨中，时时闻钟梵声[⑤]，故以此当之，时方云雾迷漫，即坞中景，亦如海上三山[⑥]，何论竹林？还出佛手岩，由大路东抵大林寺。寺四面峰环，前抱一溪。溪上树大三人围，非桧非杉，枝头着子累累，传为宝树，来自西域，向原来有二株，为风雨拔去其一矣。

【注释】

①倩：请、雇。

②碧条香蔼：绿树香雾。

③精庐：书斋。

④制甚古：指制作工艺和格式都很古雅考究。

⑤梵声：佛寺敲钟和诵经之音。

⑥海上三山：即蓬莱、方丈、瀛洲三神山。

【原文】

二十日 晨雾尽收。出天池，趋文殊台。四壁万仞，俯视铁船峰，正可飞舄[①]。山北诸山，伏如聚螘[②]。匡湖洋洋山麓[③]，长江带之，远及天际。因再为石门游，三里，度昨所过险处，至则容成方持贝叶佛经出迎，喜甚，导余历览诸峰。上至神龙宫右，折而下，入神龙宫。奔涧鸣雷，松竹荫映，山峡中奥寂境也。循旧路，抵天池下，从岐径东南行，十里，升降于层峰幽涧。无径不竹，无阴不松，则金竹坪也。诸峰隐护，幽倍天池，旷则逊之。复南三里，登莲花峰侧，雾复大作。是峰为天池案山，在金竹坪则左翼也。峰顶丛石嶙峋，雾隙中时作窥人态，以雾不及登。

越岭东向二里，至仰天坪，因谋尽汉阳之胜。汉阳为庐山最高顶，此坪则为僧庐之最高者。坪之阴北，水俱北流从九江。其阳南，水俱南下属南康。余疑坪去汉阳当不远，僧言中隔桃花峰，尚有十里遥。出寺，雾渐解。从山坞西南行，循桃花峰东转，过晒谷石，越岭南下，复上则汉阳峰也。先是遇一僧，谓峰顶无可托宿，宜投慧灯僧舍，因指以路。未至峰顶二里，落照盈山，遂如僧言，东向越岭，转而西南，即汉阳峰之阳也。一径循山，重嶂幽寂，非复人世。里许，蓊然竹丛中得一龛，有僧短发覆额，破衲[4]赤足者，即慧灯也，方挑水磨腐。竹内僧三四人，衣履揖客，皆慕灯远来者。复有赤脚短发僧从崖间下，问之，乃云南鸡足山僧。灯有徒，结茅于内，其僧历悬崖访之，方返耳。余即拉一僧为导，攀援半里，至其所。石壁峭削，悬梯以度，一茅如慧灯龛。僧本山下民家，亦以慕灯居此。至是而上仰汉阳，下俯绝壁，与世敻隔矣。暝色已合，归宿灯龛。灯煮腐相饷，前指路僧亦至。灯半一腐，必自己出，必遍及其徒。徒亦自至，来僧其一也。

【注释】

①飞舄：神仙来去。

②螘：蚁之本字。

③匡湖洋洋山麓：山下是广阔的鄱阳湖。

④衲：僧衣。

【原文】

二十一日 别灯，从龛后小径直跻汉阳峰。攀茅拉棘，二里，至峰顶。南瞰鄱湖，水天浩荡。东瞻湖口，西盼建昌，诸山历历，无不俯首失恃[1]。惟北面之桃花峰，铮铮比肩，然昂霄逼汉，此其最矣。下山二里，循旧路，向五老峰。汉阳、五老，俱匡庐南面之山，如两角相向，而犁头尖界于中，退于后，故两峰相望甚近。而路必仍至金竹坪，绕犁头尖后，出其左胁北转，始达五老峰，自汉阳计之，且三十里。余始至岭角，望峰顶坦夷，莫详五老面目。及至峰顶，风高水绝，寂无居者。因遍历五老峰，始知是山之阴，一冈连属。阳则山从绝顶平剖，列为五枝，凭空下坠者万仞，外无重冈叠嶂之蔽，际目视野甚宽。然彼此相望，则五峰排列自掩，一览不能兼收。惟登一峰，则两旁无底。峰峰各奇不少稍让，真雄旷之极观也！

仍下二里，至岭角。北行山坞中，里许，入方广寺，为五老新刹。僧知觉甚稔三叠之胜，言道路极艰，促余速行。北行一里，路穷，渡涧。随涧东西行，鸣流下注乱石，两山夹之，丛竹修枝，郁葱上下，时时仰见飞石，突缀其间，转入转佳。既而涧旁路亦穷，从涧中乱石行，圆者滑足，尖者刺履。如是三里，得绿水潭。一泓深碧，怒流倾泻之上，流者喷雪，停者毓黛[②]。又里许，为大绿水潭。水势至此将堕，大倍之，怒亦益甚。潭有峭壁乱耸，回互逼立，下瞰无底，但闻轰雷倒峡之声，心怖目眩，泉不知从何坠去也。于是涧中路亦穷，乃西向登峰。峰前石台鹊起，四瞰层壁，阴森逼侧。泉为所蔽，不得见，必至对面峭壁间，方能全收其胜。乃循山冈，从北东转。二里，出对崖，下瞰，则一级、二级、三级之泉，始依次悉见。其坞中一壁，有洞如门者二，僧辄指为竹林寺门云。顷之，北风自湖口吹上，寒生粟起，急返旧路，至绿水潭。详观之，上有洞翕然[③]下坠。僧引入其中，曰："此亦竹林寺三门之一。"然洞本石罅夹起，内横通如"十"

游行山间

字，南北通明，西入似无底止。出，溯溪而行，抵方广，已昏黑。

【注释】

①俯首失恃：指眼见之山都比汉阳峰低，因而无法与之抗衡。

②停者毓黛：毓同“育”，生出之意，整句意为驻留下来的水积蓄起来，则变成深青色。

③翕然：敛缩的样子。

【原文】

二十二日 出寺，南渡溪，抵犁头尖之阳。东转下山，十里，至楞伽院侧。遥望山左胁，一瀑从空飞坠，环映青紫，夭矫滉漾[1]，亦一雄观。五里，过栖贤寺，山势至此始就平。以急于三峡涧，未之入。里许，至三峡涧。涧石夹立成峡，怒流冲激而来，为峡所束，回奔倒涌，轰振山谷。桥悬两岩石上，俯瞰深峡中，迸珠戛玉[2]。过桥，从岐路东向，越岭，趋白鹿洞。路皆出五老峰之阳。山田高下，点错民居。横历坡陀，仰望排嶂者三里，直入峰下，为白鹤观。又东北行三里，抵白鹿洞[3]，亦五老峰前一山坞也。环山带溪，乔松错落。出洞，由大道行，为开先道。盖庐山形势，犁头尖居中而少逊，栖贤寺实中处焉。五老左突，下即白鹿洞。右峙者，则鹤鸣峰也，开先寺当其前。于是西向循山，横过白鹿、栖贤之大道，十五里，经万松寺，陟一岭而下，山寺巍然南向者，则开先寺也。从殿后登楼眺瀑，一缕垂垂，尚在五里外，半为山树所翳[4]，倾泻之势，不及楞伽道中所见。惟双剑崭崭众峰间，有芙蓉插天之态。香炉一峰，直山头圆阜耳。从楼侧西下壑，涧流铿然泻出峡石，即瀑布下流也。瀑布至此，反隐不复见，而峡水汇为龙潭，澄映心目。坐石久之，四山暝色，返宿于殿西之鹤峰堂。

二十三日 由寺后侧径登山。越涧盘岭，宛转山半。隔峰复见一瀑，并挂瀑布之东，即马尾泉也。五里，攀一尖峰，绝顶为文殊台。孤峰拔起，四望无倚，顶有文殊塔。对崖削立万仞，瀑布轰轰下坠，与台仅隔一涧，自巅至底，一目殆无不尽。不登此台，不悉此瀑之胜。下台，循山冈西北溯溪，即瀑布上流也。一径忽入，山回谷抱，则黄岩寺据双剑峰下。越涧再上，得黄石岩。岩石飞突，平覆如砥。岩侧茅阁方丈，幽雅出尘。阁外修竹数竿，拂群峰而上，与山花霜叶，映配峰际。鄱湖一点，正当窗牖。纵步溪石间，观断崖夹壁之胜。仍饭开先，遂别去。

【注释】

①浘溁：水势大而飞溅。

②迸珠戛玉：形如珠溅，声如击玉。

③白鹿洞：唐代江州刺史李渤曾在此读书，并随身养一白鹿，因此得名。

④翳：遮掩。

游黄山日记（后）

【释题】

此篇为第二次游黄山所记，此记主要记叙作者登天都峰、莲花峰之经历和所见胜景，所记比前一篇更集中，文字更优美精致，该文曾选入中学课本，几乎堪称全书之首。

徐霞客第一次游黄山时，未上天都、莲花二峰，此次是为了却夙愿而来，当然兴趣盎然，而且天都、莲花二峰都能满足他的好奇探胜的愿望。

其记与前一篇不同。他不但细致地叙写了自己爬山历险的具体过程，而且满怀激情地描绘了山顶所见奇景，在天都峰，他对雾气出没的氤氲景致，对古松曲直挺拔之状都做了刻画。对莲花峰之景重在描绘其独高众山，独出诸峰，人登其上则欢舞欲狂的情状。该游记语言精练而又恣肆自如，加之作者心情舒畅，故而整个文章神采飞扬，充满色彩感，实为难得佳作。

【原文】

戊午（1618年）九月初三日　出白岳榔梅庵，至桃源桥。从小桥右下，陡甚，即旧向黄山路也。七十里，宿江村。

初四日　十五里，至汤口。五里，至汤寺，浴于汤池。扶杖望硃砂庵而登。十里，上黄泥冈。向时云里诸峰，渐渐透出，亦渐渐落吾杖底。转入石门，越天都之胁而下，则天都、莲花二顶，俱秀出天半，路旁一岐东上，

重游黄山

乃昔所未至者，遂前趋直上，几达天都侧。复北上，行石罅中。石峰片片夹起。路宛转石间，塞者凿之，陡者级[①]之，断者架木通之，悬者植梯接之。下瞰峭壑阴森，枫松相间，五色纷披，灿若图绣。因念黄山当生平奇览，而有奇若此，前未一探，兹游快且愧矣！

时夫仆俱阻险行后，余亦停弗上。乃一路奇景，不觉引余独往。既登峰头，一庵翼然，为文殊院，亦余昔年欲登未登者。左天都，右莲花[②]，背倚玉屏风，两峰秀色，俱可手擥[③]。四顾奇峰错列，众壑纵横，直黄山绝胜处！非再至，焉知其奇若此？遇游僧澄源至，兴甚勇。时已过午，奴辈适至。立庵前，指点两峰。庵僧谓："天都虽近而无路，莲花可登而路遥。只宜近盼天都，明日登莲顶。"余不从，决意游天都。挟澄源奴子仍下峡路。至天都侧，从流石蛇行而上。攀草牵棘，石块丛起，则历块，石崖侧削则援崖。每至手足无可着处，澄源必先登垂接。每念上既如此，下何以堪？终亦不顾。历险数次，遂达峰顶。惟一石顶，壁起犹数十丈，澄源寻视其侧，得级，挟予以登。万峰无不下伏，独莲花与抗耳。时浓雾半作半止，第一阵至，则对面不见，眺莲花诸峰，多在雾中。独上天都，予至其前，则雾徙于后，予越其右，则雾出于左。其松犹有曲挺纵横者，柏虽大于如臂，无不平贴石上，如苔藓然。山高风巨，雾气去来无定。下盼诸峰，时出为碧峤[④]，时没为银海。再眺山下，则日光晶晶，别一区宇也。日渐暮，遂前其足，手向后据地，坐而下脱。至险绝处，澄源并肩手相接。度险，下至山坳，暝色已。复从峡度栈[⑤]以上，止文殊院。

【注释】

①级：动词，修筑台阶。

②莲花：即莲花峰。

③擥：同“揽”。

④峤：尖而高的山。

⑤栈：修筑于悬崖峭壁上的阁道。

【原文】

初五日　平明，从天都峰坳中北下二里，石壁岈然。其下莲花洞，正与前坑石笋对峙，一坞幽然。别澄源，下山至前岐路侧，向莲花峰而趋。一路沿危壁西行，凡再降升，将下百步云梯，有路可直跻莲花峰。既陟而磴绝，疑而复下。隔峰一僧高呼曰：“此正莲花道也！”乃从石坡侧度石隙。径小而峻，峰顶皆巨石鼎峙，中空如室。从其中叠级直上，级穷洞转，屈曲奇诡，如下上楼阁中，忘其峻出天表也。一里，得茅庐，倚石罅中。方徘徊欲升，则前呼道之僧至矣，僧号凌虚，结茅于此者，遂与把臂陟顶。顶上一石，悬隔二丈，僧取梯以度。其巅廓然，四望空碧，即天都亦俯首矣。盖是峰居黄山之中，独出诸峰上，四面岩壁环耸，遇朝阳霁色，鲜映层发，令人狂叫欲舞。

久之，返茅庵，凌虚出粥相饷，啜一盂，乃下。至岐路侧，过大悲顶，上天门。三里，至炼丹台。循台嘴而下，观玉屏风、三海门诸峰，悉从深坞中壁立起。其丹台一冈中垂，颇无奇峻，惟瞰翠微之背，坞中峰峦错耸，上下周映，非此不尽瞻眺之奇耳。还过平天矼，下后海，入智空庵，别焉。三里，下狮子林，趋石笋矼，至向年所登尖峰上。倚松而坐，瞰坞中峰石回攒，藻缋[1]满眼，始觉匡庐、石门，或具一体，或缺一面，不若此之闳博[2]富丽也。久之，上接引崖，下眺坞中，阴阴觉有异。复至冈上尖峰侧，践流石，援棘草，随坑而下，愈下愈深，诸峰自相掩蔽，不能一目尽也。日暮，返狮子林。

【注释】

①藻缋：如画的景色。

②闳博：宏大丰富。

【原文】

初六日 别霞光[①]，从山坑向丞相原。下七里，至白沙岭，霞光复至。因余欲观牌楼石，恐白沙庵[②]无指者，追来为导。遂同上岭，指岭右隔坡，有石丛立，下分上并，即牌楼石也。余欲逾坑溯涧，直造其下。僧谓：“棘迷路绝，必不能行。若从坑直下丞相原，不必复上此岭。若欲从仙灯而往，不若即由此岭东向。”余从之，循岭脊行。岭横亘天都、莲花之北，狭甚，旁不容足，南北皆崇峰夹映。岭尽北下，仰瞻右峰罗汉石，圆头秃顶，俨然二僧也。下至坑中，逾涧以上，共四里，登仙灯洞。洞南向，正对天都之阴。僧架阁连板于外，而内犹穹然，天趣未尽刊[③]也。复南下三里，过丞相原，山间一来地耳。其庵颇整，四顾无奇，竟不入。复南向循山腰行，五里，渐下。涧中泉声沸然，从石间九级下泻，每级一下有潭渊碧，所谓九龙潭[④]也。黄山无悬流飞瀑，惟此耳。又下五里，过苦竹滩，转循太平县路，向东北行。

【注释】

①霞光：徐霞客的弟弟。

②白沙庵：白沙岭周围的岔路。

③刊：动词，削除。

④九龙潭：位于黄山香炉峰和罗汉峰间。

游九鲤湖日记

【释题】

九鲤湖在福建仙游县东北约13千米处。相传汉武帝时，有何氏九仙在此骑鲤升天，故名。湖在万山之巅，有九级瀑布飞泻而下。闽方言中称瀑布为“漈”，记中描述瀑布时，皆沿用“九漈”的说法。

此篇游记主要记录的并不是九鲤湖本身的景致，而是记叙了其九处瀑布，即“九漈”。

在游“九漈”之前，作者对江郎山的高耸之状进行了恰当的描绘，并给予了很高的评价。

对“九漈”描绘十分细致：雷轰漈奔流下坠，瀑布漈之飞喷冲激，珠帘泉玉箸漈之玉龙双舞等各显其奇，自五漈至九漈虽无深入描绘，但也在总体上给予了适当的着墨。此篇为徐霞客描写瀑布最为集中的一篇游记，对水势、水态、崖石深潭、颓波突浪之特色掌握准确，既有逼真的描写，又有想象的发挥，让人读文如临其境，如感其魄。

【原文】

浙、闽之游旧矣。余志在蜀之峨眉、粤之桂林，至太华、恒岳诸山。若罗浮、衡岳，次也。至越[①]之五泄，闽之九漈[②]，又次也。然蜀、广、关中，母老道远，未能卒游。衡湘可以假道，不必专游。计其近者，莫若由江郎三石抵九漈，遂以庚申（泰昌元年，1620年）午节[③]后一日，期约芳若叔父启行，正枫亭荔枝新熟时也。

【注释】

①越：即浙江省。

②九漈：闽方言瀑布。

③午节：端午节。

【原文】

二十三日 始过江山之青湖。山渐合，东支多危峰峭嶂，西伏不起。悬望东支尽处，其南一峰特耸，摩云插天，势欲飞动。问之，即江郎山也。望而趋，二十里，过石门街。渐趋渐近，忽裂而为二，转而为三。已复半岐其首，根直剖下。迫之，则又上锐下敛，若断而复连者，移步换形，与云同幻矣。夫雁宕灵峰，黄山石笋，森立峭拔，已为瑰观。然俱在深谷中，诸峰互相掩映，反失其奇。即缙云鼎湖，穹然独起，势更伟峻。但步虚山即峙于旁，各不相降，远望若与为一。不若此峰特出众山之上，自为变幻，而各尽其奇也。

六月初七日 抵兴化府。

六月初八日 出莆郡西门，西北行五里，登岭，四十里，至莒溪，降陟不啻数岭矣。莒溪即九漈下流。过莒溪公馆，二里，由石步过溪。又二里，一侧径西向坳，北复有一磴。可转上山。时山深日酷，路绝人行，迷不知所往。余意鲤湖之水，历九漈而下，上跻必有奇境，遂趋石磴道。芳叔与奴辈惮高陟，皆以为误，顷之，境渐塞，彼益以为误，而余行益励。既而愈上愈高，杳无所极，烈日铄铄，余亦自苦倦矣。数里，跻岭头，以为绝顶也。转而西，山之上高峰复有倍此者。循山屈曲行，三里，平畴荡荡，正似武陵误入[①]，不复知在万峰顶上也。中道有亭，西来为仙游道，东即余所行。南过通仙桥，越小岭而下，为公馆，为钟鼓楼之蓬莱石，则雷轰漈在焉。涧出蓬莱石旁，其底石平如砺[②]，水漫流石面，匀如铺縠。少下，而平者多洼，其间圆穴，为灶，为臼，为樽，为井，皆以丹名，九仙之遗也。平流至此，忽下堕湖中，如万马初发，诚有雷霆之势，则第一漈之奇也。九仙祠即峙其西，前临鲤湖。湖不甚浩荡，而澄碧一泓，于万山之上，围青漾翠，造物之酝灵亦异矣。祠右有石鼓、元珠、古梅洞诸胜。梅洞在祠侧，驾大石而成者，有罅成门。透而上，旧有九仙阁，祠前旧有水晶宫，今俱圮[③]。当祠而隔湖下坠，则二漈至九漈之水也。余循湖右行，已至第三漈，急与芳叔返。曰："今夕当淡神休力，静晤九仙。劳心目以奇胜，且俟明日也。"返祠，往蓬莱石，跣[④]足步涧中。石濑[⑤]平旷，清流轻浅，十洲三岛，竟褰[⑥]衣而涉也。晚坐祠，新月正悬峰顶，俯挹平湖，神情俱朗，静中沨沨[⑦]，时触雷漈声。是夜祈梦祠中。

【注释】

①武陵误入：意即好似进入了桃花源。

②石平如砺：好像磨平一般。

③圮：倒塌。

④跣：光足、赤足。

⑤石濑：石上流过的急水。

⑥褰：撩起。

⑦沨沨：水声。

石濑平旷

【原文】

初九日 辞九仙，下穷九漈。九漈去鲤湖且数里，三漈而下，久已道绝。数月前，莆田祭酒尧俞，令陆善开复鸟道，直通九漈，出莒溪。悔昨不由侧径溯漈而上，乃纡从大道，坐失此奇。遂束装改途，竟出九漈，瀑布为第二漈，在湖之南，正与九仙祠相对。湖穷而水由此飞堕深峡，峡石如劈，两崖壁立万仞。水初出湖，为石所扼，势不得出，怒从空坠，飞喷冲激，水石各极雄观。再下为第三漈之珠帘泉，景与瀑布同。右崖有亭，曰观澜。一石曰天然坐，亦有亭覆之。从此上下岭涧，盘折峡中。峡壁上覆下宽，珠帘之水，从正面坠下。玉管之水，从旁霭沸溢。两泉并悬，峡壁下削，铁障四周[1]，上与天并，玉龙双舞，下极潭际。潭水深泓澄碧，虽小于鲤湖，而峻壁环锁，瀑流交映，集奇撮胜，惟此为最，所谓第四漈也。

初至涧底，芳叔急于出峡，坐待峡口，不复入。余独缘涧石而进，踞潭边石上，仰视双瀑从空夭矫，崖石上覆如瓮口。旭日正在崖端，与颓波突浪，掩晕流辉。俯仰应接，不能舍去。循涧复下，忽两峡削起，一水斜回，涧右之路已穷。左望有木板飞架危矶[2]断磴间，乱流而渡，可以攀跻。遂涉涧从左，则五漈之石门矣。两崖至是，壁凑仅容一线，欲合不合，欲开不开，下涌奔泉，上碍云影。人缘陟其间，如猕猿然。阴风吹之，凛凛欲堕。盖自四漈来，山深路绝，幽峭已极，惟闻泉声鸟语耳。

出五漈，山势渐开。涧右危嶂屏列，左则飞凤峰回翔对之，乱流绕其下，或为澄潭，或为倒峡。若六漈之五星，七漈之飞凤，八漈之棋盘石，九漈之将军岩，皆次第得名矣。然一带云蒸霞蔚，得趣故在山水中，岂必刻迹而求乎？盖水乘峡展，既得自恣，其旁崩崖颓石，斜插为岩，横架为室，层叠成楼，屈曲成洞。悬则瀑，环则流，潴则泉。皆可坐可卧，可倚可濯③，荫竹木而弄云烟。数里之间，目不能移，足不能前者竟日。每下一处，见有别穴，必穿岩通隙而入，曲达旁疏，不可一境穷也。若水之或悬或渟④，或翼飞叠注⑤，即匡庐、三叠、雁宕、龙湫，各以一长擅胜，未若此山微体皆具也。

出九漈，沿涧依山转，东向五里，始有耕云樵石之家，然见人至，未有不惊讶者。又五里，至莒溪之石步，出向道。

【注释】

①铁障四周：把四周围得紧紧的。

②矶：水边突出之石。

③濯：洗。

④渟：水积聚而不流通。

⑤翼飞叠注：好似鸟张开翅膀腾飞、水流喷涌倾注一般。

【原文】

初十日 过蒜岭驿，至榆溪。闻横路驿西十里，有石所山，岩石最胜，亦为九仙祈梦所。闽有“春游石所，秋游鲤湖”语，虽未合其时，然不可失之交臂也。乘兴遂行。以横路去此尚十五里，乃宿榆溪。

十一日 至波黎铺，即从小路为石所游。西向山五里，越一小岭。又五里，渡溪，即石所南麓。循麓西转，仰见峰顶丛崖，如攒如劈。西北行久之，有楼傍山西向，乃登山道也。石磴颇峻，遂短衣历级而上。磴路曲折，木石阴翳，虬枝老藤，盘结危石倚欹崖之上，啼猿上下，应答不绝。忽有亭突踞危石，拔迥①凌虚，无与为对。亭当山之半。再折，石级巍然直上，级穷，则飞岩檐覆垂半空。再上两折，入石洞侧门，出即九仙阁，轩敞雅洁。左为僧庐，俱倚山凌空，可徙倚凭眺。阁后五六峭峰离立，高皆数十丈，每峰各去二三尺。峰罅石壁如削成，路屈曲罅中，可透漏各峰之顶。松偃藤延，纵目成胜。僧供茗芳逸，山所产也。侧径下，至垂岩，路左更有一径。余曰："此必有异。"果一石洞嵌空立。穿洞而下，即至半山亭。下山，出横路而返。

是游也，为日六十有三，历省二，经县十九，府十一，游名山者三。

【注释】

①拔迥：挺拔高远。

游嵩山日记

【释题】

嵩山又称嵩岳、玄岳、中岳，为五岳之首。分太室山和少室山两大部分，以少林河为界，太室山如大屏风横亘在登封县北，少室山如一朵巨莲，耸峙在登封县西。古时称石洞为石室，该山有石洞，皆以石室相称，徐霞客的游记中也多用“石室”。嵩山被称为“文物之乡”，东汉三阙（太室、少室、启母）。北魏时建的嵩岳寺塔等皆很有名，另有历代碑刻，庙宇多处。

该记从嵩山外围写起，尽显嵩山周围秀色，如香炉山之奇峰异水、天山院古松玉立等，并对山下水流溪径进行了描绘与分析，其文有此精彩铺垫，为进入嵩山之游渲染了某种难得的气氛。

到了卢岩寺，即状其瀑布胜状，对山石交映成趣描写颇为成功，对太室绝顶的描写将游记引入到对嵩山最中心的考察，把太室山之雄历展现得非常充分，其后对各山峰、洞窟、庙宇之方位，峡谷、流水之优劣一一作了记叙，最终以登少室为高潮，对少室之少林寺、珠帘飞泉、炼丹台等作了详尽的描绘，对其山势云状、寨舍林木极尽周详衍化。全文曲折有致，布局严谨，其语言的活泼生动也极为难得。

【原文】

余髫年[①]蓄五岳志，而玄岳出五岳上，慕尤切。久拟历

嵩山

襄、郧，扪太华，由剑阁连云栈为峨眉先导；而母老志移，不得不先事太和，犹属有方之游。第沿江溯流，旷日持久，不若陆行舟返，为时较速。乃陆行汝、邓间，路与陕、汴略相当，可以兼尽嵩、华，朝宗太岳。遂以癸亥（天启三年，1623年）仲春朔，决策从嵩岳道始。凡十九日，抵河南郑州之黄宗店。由店右登石坡，看圣僧池。清泉一涵，停碧山半。山下深涧交叠，涸无滴水。下坡行涧底，随香炉山曲折南行。山形三尖攒立如覆鼎，众山环之，秀色娟娟媚人。涧底乱石一壑，作紫玉色。两崖石壁宛转，色较缜润②。想清流汪注时，喷珠泄黛，当更何如也。十里，登石佛岭。又五里，入密县界，望嵩山尚在六十里外。从岐路东南二十五里，过密县，抵天仙院。院祀天仙，黄帝之三女也。白松在祠后中庭，相传三女蜕骨其下。松大四人抱，一本三干，鼎耸霄汉，肤如凝脂，洁逾傅粉，蟠枝虬曲，缘鬣舞风，昂然玉立半空，洵③奇观也。周以石栏。一轩临北，轩中题咏绝盛。徘徊久之，下观滴水。涧到此忽下跌，一崖上覆，水滴历历通沥其下。还密，仍抵西门。三十五里，入登封界，曰耿店。南向石淙道，遂税驾④焉。

【注释】

①髫年：幼年。

②缜润：细致而润泽。

③洵：实在是。

④税驾：停宿，税通“脱”。

【原文】

二十日　从小径南行，二十五里，皆土冈乱垄。久

小径南行

之，得一溪。渡溪，南行冈脊中，下瞰，则石淙在望矣。余入自大梁[①]，平衍广漠，古称“陆海”，地以得泉为难，泉以得石尤难。近嵩始睹蜿蜒众峰，于是北流有景、须诸溪，南流有颍水，然皆盘伏土碛中。独登封东南三十里为石淙，乃嵩山东谷之流，将下入于颍。一路陂陀屈曲，水皆行地中，到此忽逢怒石。石立崇冈山峡间，有当关扼险之势。水沁入胁下，从此水石融和，绮变万端。绕水之两崖，则为鹄立，为雁行。踞中央者，则为饮兕[②]，为卧虎。低则屿，高则台，愈高，则石之去水也愈远。乃又空其中而为窟，为洞。揆崖之隔，以寻[③]尺计，竟水之过，以数丈计，水行其中，石峙于上，为态为色，为肤为骨，备极妍丽。不意黄茅白苇中，顿令人一洗尘目也！

登陇，西行十里，为告成镇，古告成县地。测景台在其北。西北行二十五里，为岳庙。入东华门时，时日已下舂[4]，余心艳卢岩，即从庙东北循山行。越陂陀数重，十里，转而入山，得卢岩寺。寺外数武步，即有流铿然，下坠石峡中。两旁峡色氤氲成霞。溯流造寺后，峡底矗崖，环如半规[5]，上覆下削。飞泉随空而下，舞绡曳练，霏微散满一谷，可当武彝之水帘。盖此中以得水为奇，而水复得石，石复能助水，不尼水，又能令水飞行，则比武彝为尤胜也，徘徊其下，僧梵音以茶点饷，急返岳庙，已昏黑。

【注释】

①大梁：即开封之古称。

②兕：雌犀牛。

③寻：八尺为寻。

④舂：日落时分。

⑤半规：即半圆。

【原文】

二十一日 晨，谒岳帝。出殿，东向太室绝顶。按嵩当天地之中，祀秩[1]为五岳首，故称嵩高，与少室并峙，下多洞窟，故又名太室。两室相望，如双眉，然少室嶙峋，而太室雄厉称尊，俨若负扆[2]。自翠微以上，连崖横亘，列者如屏，展者如旗，故更觉岩岩。崇封始自上古，汉武以嵩呼之异，特加祀邑。宋时逼近京畿，典礼大备。至今绝顶犹传铁梁桥、避暑寨之名。当盛之时，固想见矣。

太室东南一支，曰黄盖蜂。峰下即岳庙，规制宏壮。庭中碑石矗立，皆宋、辽以来者。登岳正道，乃在万岁峰下，当太室正南。余昨趋卢岩时，先过东峰，道中见峰峦秀出，中裂如门，或指为金峰玉女沟，从此亦有路登顶，乃觅樵预期为导，今遂从此上。近秀出处，路渐折，避之，险绝不能径越也。北就土山，一缕仅容攀跻，约二十里，遂越东峰，已转出裂门之上。西度狭脊。望绝顶行，是日浓云如泼黑，余不为止。至是，岚气愈沉，稍开，则下瞰绝壁重崖，如列绡削玉，合则如行大海中。五里，抵天门。上下皆石崖重叠，路多积雪。导者指峻绝处为大铁梁桥。折而西，又三里，绕峰南下，得登高岩。凡岩幽者多不畅，畅者又少回藏映带之致。此岩上倚层崖，下临绝壑，洞门重峦拥护，左右环倚台嶂。初入，有洞岈然，洞壁斜透。穿行数武，崖忽中断五尺，莫可着趾。导者故老樵，狷捷[3]如猿猴，侧身跃过对崖，取木二枝，横架为阁道。既度，则岩穹然上覆，中有乳泉、丹灶、石榻诸胜。从岩侧跻而上，更得一台，三面悬绝壑中。导者曰："下可瞰登封，远及箕、颍。"时浓雾四塞，都无所见。出岩，转北二里，得白鹤观址。址在山坪，去险就夷，孤松挺立有旷致。又北上三里，始跻绝顶，有真武庙三楹。侧一井，甚莹，曰御井，宋真宗避暑所浚[4]也。

饭真武庙中。问下山道，导者曰："正道从万岁峰抵麓，二十里。若从西沟悬溜而下，可省其半，然路极险峻。"余色喜，谓嵩无奇，以无险耳。亟从之，遂策杖前。始犹依岩凌石，披丛条以降。既而从两石峡溜中直下，仰望夹崖逼天。先是，峰顶雾滴如雨，至此渐开，景亦渐奇。然皆垂沟脱磴，无论不能行，且不能止。愈下，崖势愈壮，一峡穷，复转一峡。吾目不使旁瞬[5]，吾足不容求处息也。如是十里，始出峡，抵平地，得正道。过无极洞。西越岭，趋草莽中，五里，得法皇寺。寺有金莲花，为特产，他处所无。山雨忽来，遂借榻僧寮[⑥]。其东石峰夹峙，每月初生，正从峡中出，所称“嵩门待月”也，计余所下之峡，即在其上，今坐对之，只觉云气出没，安知身自此中来也。

【注释】

①秩：排列次序。

②负扆：画斧之屏风。

③狷捷：敏捷。

④浚：挖掘疏导。

⑤目不使旁瞬：目不斜视。

⑥寮：小屋。

【原文】

二十二日　出山，东行五里，抵嵩阳宫废址。惟三将军柏郁然如山[①]，汉所封也。大者围七人，中者五，小者三。柏之北，有室三楹，祠二程先生。柏之西，有旧殿石柱一，大半没于土，上多宋人题名，可辨者为范阳祖无择、上谷寇武仲及苏才翁数人而已。柏之西南，雄碑杰然，四面刻蛟螭[②]甚精。右则为唐碑，裴迥撰文，徐浩八分书[③]也。又东二里，过崇福宫故址，又名万寿宫，为宋宰相提点处。又东为启母石，大如数间屋，侧有一平石如砥。又东八里，还饭岳庙，看宋、元碑。

西八里，入登封县。西五里，从小径西北行。又五里，入会善寺，“茶榜”在其西小轩内，元刻也。后有一石碑，仆墙下，为唐贞元《戒坛记》，汝州刺史陆长源撰文，河南陆郢书。又西为戒坛废址，石上刻镂极精工，俱断委草砾。西南行五里，出大路，又十里，至郭店。折而西南，为少林道。五里，入寺，宿瑞光上人房。

【注释】

①郁然如山：指柏树郁郁葱葱干大枝繁。

②蛟螭：一种龙。

③八分书：书法的一种。

【原文】

二十三日 云气俱尽。入正殿，礼佛毕，登南寨。南寨者，少室绝顶，高与太室等，而峰峦峭拔，负“九鼎莲花”之名。俯环其后者，为九乳峰，蜿蜒东接太室，其阴则少林寺在焉。寺甚整丽，庭中新旧碑森列成行，俱完善。夹墀[①]二松，高伟而整，如有尺度。少室横峙于前，仰不能见顶，游者如面墙而立，辄谓少室以远胜。余昨暮入寺，即问少室道，俱谓雪深道绝，必无往。凡登山以晴朗为佳。余登太室，云气弥漫，或以为仙灵见拒，不知此山魁梧，正须止露半面。若少室工于掩映，虽微云岂宜点滓？今则霁甚，适逢其会，乌可阻也！乃从寺南渡涧登山，六七里，得二祖庵。山至此忽截然土尽而石，石崖下坠成坑。坑半有泉，突石飞下，亦以“珠帘”名之。余策杖独前，愈下愈不得路，久之乃达，其岩雄拓不如卢岩，而深峭过之。岩下深潭泓碧，僵雪四积。再上至炼丹台，三面孤悬，斜倚翠壁，有亭曰小有天，探幽之屐，从未有抵此者。过此皆从石脊仰攀直跻，两旁危崖万仞，石脊悬其间，殆无寸土，手与足代匮而后得升[②]。凡七里，始跻大峰。峰势宽衍，向之危石，又截

少室横峙

然忽尽为土。从草棘中莽莽南上，约五里，遂凌南寨顶，屏翳之土始尽。南寨实少室北顶，自少林言之为南寨去。盖其顶中裂，横界南北，北顶若展屏，南顶列戟峙其前，相去仅寻丈，中为深崖，直下如剖。两崖夹中，坑底特起一峰，高出诸峰上，所谓摘星台也，为少室中央。绝顶与北崖离倚，彼此斩绝不可度。俯瞩其下，一丝相属。余解衣从之，登其上，则南顶之九峰，森立于前，北顶之半壁横障于后，东西皆深坑，俯不见底，罡[3]风乍至，几假翰[4]飞去。

从南寨东北转，下土山，忽见虎迹大如升。草莽中行五六里，得茅庵，击石炊所携米为粥，啜三四碗，饥渴霍然去。倩庵僧为引龙潭道。下一峰，峰脊渐窄，土石间出，棘蔓翳之，悬枝以行，忽石削万丈，势不可度。转而上跻，望峰势蜿蜒处趋下，而石削复如前。往复不啻数里，乃迂过一坳，又五里而道出，则龙潭沟也。仰望前迷路处，危崖欹石，俱在万仞峭壁上。流泉喷薄其中，崖石之阴森崭巘[5]者，俱散成霞绮。峡夹涧转，两崖静室如峰房燕垒。凡五里，一龙潭沉涵疑碧，深不可规测量以丈。又经二龙潭，遂出峡，宿少林寺。

【注释】

①墀：台阶上之空地。

②手与足代匮而后得升：以手足来代替登山设备而爬上山。

③罡：高空之强风。

④假翰：凭借红色的羽毛。

⑤崭巘：山高状。

【原文】

二十四日　从寺西北行，过甘露台，又过初祖庵。北四里，上五乳峰，探初祖洞。洞深二丈，阔杀之[1]，达摩九年面壁处也。洞门下临寺，面对少室。地无泉，故无栖者。下至初祖庵，庵中供达摩影石。石高不及三尺，白质黑章，俨然胡僧立像。中殿六祖手植柏，大已三人围，碑言自广东置钵中携至者。夹墀二松亚少林。少林松柏俱修伟，不似岳庙偃仆盘曲，此松亦然。下至甘露台，土阜矗起，上有藏经殿。下台历殿三重，碑碣散布，目不暇接。后为千佛殿，雄丽罕匹。出饭瑞光上人舍。策骑趋登封道，过轩辕岭，宿大屯。

【注释】

①阔杀之：即宽度不及深度。

【原文】

二十五日　西南行五十里，山冈忽断，即伊阙也，伊水南来，经其下，深可浮数石舟。伊阙连冈，东西横亘，水上编木桥之。渡而西，崖更危耸。一山皆劈为崖，满崖镌佛其上。大洞数十，高皆数十丈。大洞外峭崖直入山顶，顶俱刊小洞，洞俱刊佛其内。虽尺寸之肤，无不满者，望之不可数计[1]。洞左，泉自山流下，汇为方池，余泻入伊川。山高不及百丈，而清流淙淙不绝，为此地所难。伊阙摩肩接毂[2]，为楚、豫大道，西北历关、陕。余由此取西岳道去。

【注释】

①此所记叙，即著名的龙门石窟。

②摩肩接毂：指接连不断，非常繁盛。

游太华山日记

【释题】

太华山即华山，远望如花擎空，故名。地处陵西省华阴县南，属秦岭东段，北临渭河平原，高出众山，壁立千仞，以险绝著称。主峰有三：东峰（又称朝阳峰），南峰（落雁峰），西峰（莲花峰）。有“自古华山一条道”的说法，形容其险状。

该记从入潼关写起，对黄河在潼关的走向、东西大道的情况作了简略的记叙。然后写远望华山之状况，为进一步描写进行铺垫。

从游记中看，此游所经之地甚多，其记叙也颇杂，如三月初一日记，皆为地名罗列，对具体景观描写较少。而初二所记“从西下，复上西峰……旁有玉井甚深”之句，中间可能有遗漏的文字，因玉井不在西峰。按今之实情，华山之顶玉女、莲花、落雁峰间的山谷中有镇岳宫，玉井当在其宫前，此处读者需留意辨别。从初三日起，游记便显得从容而描绘亦更细致，对华山山形之奇，山道之险有所展示。总的看来，该篇游记稍逊于其他篇目。

【原文】

二月晦　入潼关，三十五里，乃税驾西岳庙。黄河从朔漠[①]南下，至潼关，折而东。关正当河、山隘口，北瞰河流，南连华岳，惟此一线。为东西大道，以百雉[②]锁之。

太华山

舍此而北，必渡黄河，南必趋武关，而华岳以南，峭壁层崖，无可度者。未入关，百里外即见太华屼[③]出云表；及入关，反为冈陇所蔽。行二十里，忽仰见芙蓉片片，已直造其下，不特三峰秀绝，而东西拥攒诸峰，俱片削层悬。惟北面时有土冈，至此尽脱山骨，竞发为极胜处。

【注释】

①朔漠：北方沙漠之地。

②百雉：长而高大之城墙。

③屼：突兀。

【原文】

三月初一日 入谒西岳神，登万寿阁。向岳南趋十五里，入云台观。觅导于十方庵。由峪[①]口入，两崖壁立，一溪中出，玉泉院当其左。循溪随峪行，十里，为莎萝宫，路始峻。又十里。为青柯坪，路少坦。五里，过寥阳桥，路遂绝。攀锁上千尺幢，再上百尺峡。从崖左转，上老君犁沟，过猢狲岭。去青柯五里，有峰北悬深崖中，三面绝壁，则白云峰也。舍之南，上苍龙岭，过日月岩。去犁沟又五里，始上三峰足。望东峰侧而上，谒玉女祠，入迎阳洞。道士李姓者，留余宿。乃以余晷[②]上东峰，昏，返洞。

【注释】

①峪：山谷。

②余晷：日影，此即剩余时间。

【原文】

初二日 从南峰北麓上峰顶，悬南崖而下，观避静处。复上，直跻峰绝顶。上有小孔，道士指为仰天池。旁有黑龙潭。从西下，复上西峰。峰上石耸起，有石片覆其上如荷叶。旁有玉井甚深，以阁掩其上，不知何故。还饭于迎阳。上东峰，悬南崖而下，一小台峙绝壑中，是为棋盘台。既上，别道士，从旧径下，观白云峰，圣母殿在焉。下到莎萝坪，暮色逼人，急出谷，黑行三里，宿十方庵。出青柯坪左上，有杯渡庵、毛女洞。出莎萝坪右上，有上方峰。皆华之支峰也。路俱峭削，以日暮不及登。

初三日 行十五里，入岳庙。西五里，出华阴西门，从小径西南二十里，入泓峪，即华山之西第三峪也。两崖参天而起，夹立甚隘，水奔流其间。循涧南行，倏而东折，倏而西转。盖山壁片削，俱犬牙错入，行从牙罅中，宛转如江行调舱然。二十里，宿于木柸。自岳庙来，四十五里矣。

初四日 行十里，山峪既穷，遂上泓岭。十里，蹑其巅。北望太华，兀立天表。东瞻一峰，嵯峨[①]特异，土人云赛华山。始悟西南三十里有少华[②]，即此山矣。南下十里，有溪从东南注西北，是为华阳川。溯川东行十里，南登秦岭，为华阴、洛南界。上下共五里。又十里为黄螺铺。循溪东南下，三十里，抵杨氏城。

初五日 行二十里，出石门，山始开。又七里，折而东南，入隔凡峪。西南二十里，即洛南县峪。东南三里，越岭，行峪中。十里，出山，则洛水自西而东，即河南所渡之上流也。渡洛复上岭，曰田家原。五里，下峪中，有水自南来入洛。溯之入，十五里，为景村。山复开，始见稻畦。过此仍溯流入南峪，南行五里，至草树沟。山空日暮，借宿山家。

自岳庙至木柸，俱西南行，过华阳川则东南矣。华阳而南，溪渐大，山渐开，然对面之峰峥峥[3]也。下秦岭，至杨氏城。两崖忽开忽合，一时互见，又不比木柸峪中，两崖壁立，有回曲无开合也。

【注释】

①嵯峨：山岭巍峨险峻的样子。

②少华：即少华山。

③峥峥：高峻挺拔。

【原文】

初六日 越岭两重，凡二十五里，饭坞底岔。其西行道，即向洛南者。又东南十里，入商州界，去洛南七十余里矣。又二十五里，上仓龙岭。蜿蜒行岭上，两溪屈曲夹之。五里，下岭，两溪适合。随溪行老君峪中，十里，暮雨忽至，投宿于峪口。

初七日 行五里，出峪。大溪自西注于东，循之行十里，龙驹寨。寨东去武关九十里，西向商州，即陕省间道[1]，马骡商货，不让潼关道中[2]。溪下板船，可胜五石舟。水自商州西至此，经武关之南，历胡村。至小江口入汉者也。遂趋觅舟。甫定，雨大注，终日不休，舟不行。

【注释】

①间道：偏僻之捷路。

②不让潼关道中：意即不比潼关道中少。

【原文】

初八日 舟子以贩盐故，久乃行，雨后，怒溪如奔马，两山夹之，曲折萦回，轰雷入地之险，与建溪无异。已而雨复至。午抵影石滩，雨大作，遂泊于小影石滩。

初九日 行四十里，过龙关。五十里，北一溪来注，则武关之流也。其地北去武关四十里，盖商州南境矣。时浮云已尽，丽日乘空，山岚重叠竞秀。怒流送舟，两岸浓桃艳李，泛光欲舞，出坐船头，不觉欲仙也。又八十里，日才下午，榜人[1]以所带盐化迁柴竹，屡止不进。夜宿于山涯之下。

初十日 五十里，下莲滩。大浪扑入舟中，倾囊倒箧，无不沾濡。二十里，过百姓滩，有峰突立溪右，崖为水所摧，岌岌欲堕。出蜀西楼，山峡少开，已入南阳淅川境，为秦、豫界。三十里，过胡村。四十里，抵石庙湾，登涯投店。东南去均州，上太和，盖一百三十里云。

【注释】

①榜人：摇船的人。

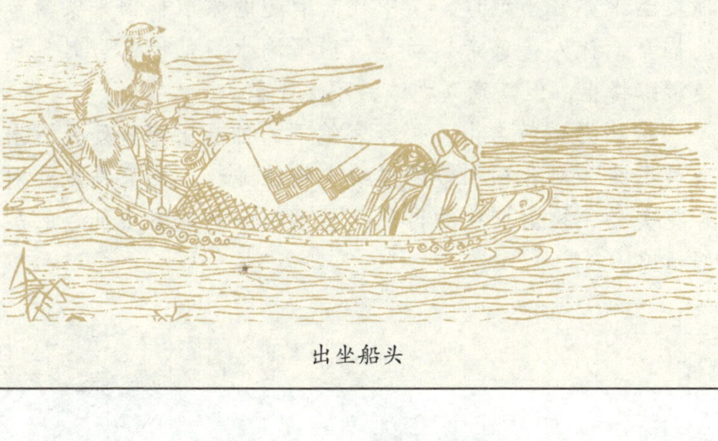

出坐船头

游太和山日记

【释题】

太和山即武当山。相传真武曾修炼于此，为道教名山，亦以传授武当派拳术著称。山在湖北均县西南境，有72峰、36岩、24涧、11洞、10池、9井等自然风景。其山中殿宇规模宏大，现保留有太和、南岩、紫霄、遇真、玉虚、五龙等六宫，复真、无和二观。全山游程达60千米。

下笔之初，该篇日记即对太和山地区的行政区划予以记叙，并对其风物景色给予了令人赏心悦目的描绘，如："自此连逾山岭，桃李缤纷，山花夹道，幽艳异常。"显然，徐霞客对武当山的印象颇佳。

从"第一山"之米芾书法写起，寻紫霄宫，摩展旗峰，对山中异品榔梅亦有所记载。山峰接踵而至，徐霞客笔下生花，至天柱峰，则尽力描摹峰高险绝。继而，对金顶之幽绝亦赞不绝口，文中还有有趣的索取榔梅果实情节的描写，让人备感亲切动人。描写滴水、仙侣二岩时，已是游踪将止，但其意兴之浓，不逊于前。

武当乃道教名山，徐霞客笔下的仙观玉宇也处处透出道教风味，对各祠、殿的描绘也精练纯粹。更有结尾处对杏花美景、桃雨烟柳的再现，显示出一种对名山仙道的美好情感。

【原文】

十一日　登仙猿岭。十余里，有枯溪小桥，为郧县境，乃河南、湖广界。东五里，有池一泓，曰青泉，上源不见所自来，而下流淙淙，地又属淅川。盖二县界址相错，依山溪曲折，路经其间故也。五里，越一小岭，仍为郧县境。岭下有玉皇观、龙潭寺。一溪滔滔自西南走东北，盖自郧中来者。渡溪，南上九里冈，经其脊而下，为蟠桃岭，溯溪行坞中十里，为葛九沟。又十里，登土地岭，岭南则均州境。自此连逾山岭，桃李缤纷，山花夹道，幽艳异常。山坞之中，居庐相望，沿流稻畦，高下鳞次[①]，不似山，陕间矣。但途中蹊径狭，行人稀，且闻虎暴，日方下舂，竟止坞中曹家店。

十二日　行五里，上火龙岭。下岭随流出峡，四十里，下行头冈。十五里，抵红粉渡，汉水汪然西来，涯下苍壁悬空，清流绕面。循汉东行，抵均州。静乐宫当州之中，踞城之半，规制宏整。停行李于南城外，定计明晨登山。

十三日　骑而南趋，石道平敞。三十里，越一石梁，有溪自西东注，即太和下流入汉者。越桥为迎恩宫，西向。前有碑大书"第一山"三字，乃米襄阳[②]笔，书法飞动，当亦第一。又十里，过草店，襄阳来道，亦至此合。路渐西向，过遇真宫[③]，越两隘下，入坞中。从此西行数里，为趋玉虚[④]道。南跻上岭，则走紫霄间道也。登岭。自草店至此，共十里，为回龙观。望岳顶青紫插天，然相去尚五十里。满山乔木夹道，密布上下，如行绿幕中。

从此沿山行，下而复上，共二十里，过太子坡。又下入坞中，有石梁跨溪，是为九渡涧下流。上为平台十八盘，即走紫霄、登太和大道。左入溪，即溯九渡涧，向琼台观及八仙罗公院诸路也。峻登十里，则紫霄宫在焉。紫霄前临禹迹池，背倚展旗峰，层台杰殿，高敞特异。入殿瞻谒。由殿右上跻，直造展旗峰之西。峰畔有太子洞、七星岩，俱不暇问。共五里，过南岩之南天门。舍之西，度岭，谒榔仙祠。祠与南岩对峙，前有榔树特大，无寸肤，赤干耸立，纤芽未发。旁多榔梅树，亦高耸，花色深浅如桃杏，蒂垂丝作海棠状。梅与榔本山中两种，相传玄帝插梅寄榔[5]，成此异种云。

共五里，过虎头岩。又三里，抵斜桥。突峰悬崖，屡屡而是，径多循峰隙上。五里，至三天门，过朝天宫，皆石级曲折上跻，两旁以铁柱悬索。由三天门而二天门、一天门，率取径峰坳间，悬级直上。路虽陡峻，而石级既整，栏索钩连，不似华山悬空飞度也。太和宫在三天门内。日将晡[6]，竭力造金顶，所谓天柱峰也。山顶众峰，皆如覆钟峙鼎，离离攒立。天柱中悬，独出众峰之表，四旁崭绝。峰顶平处，纵横止及寻丈。金殿峙其上，中奉玄帝及四将，炉案俱具，悉以金为之。督以一千户、一提点，需索香金，不啻御夺。余入叩匆匆，而门已阖，遂下宿太和宫。

【注释】

①高下鳞次：犹如鱼鳞般整齐的排列着。

②米襄阳：即宋代著名书画家米芾。

③遇真宫：位于武当山北。

④玉虚：即玉虚宫。

⑤插梅寄榔：将梅嫁接于榔。

⑥晡：黄昏。

【原文】

十四日 更衣上金顶。瞻叩毕，天宇澄朗，下瞰诸峰，近者鹄[①]峙，远者罗列，诚天真奥区也[②]！遂从三天门之右小径下峡中。此径无级无索，乱峰离立，路穿其间，迥觉幽胜。三里余，抵蜡烛峰右，泉涓涓溢出路旁，下为蜡烛涧。循涧右行三里余，峰随山转，下见平丘中开，为上琼台观。其旁榔梅数株，大皆合抱，花色浮空映山，绚烂岩际。地既幽绝，景复殊异。余求榔梅实，观中道士噤不敢答。既而曰："此系禁物。前有人携出三四枚，道流株连破家者数人。"余不信，求之益力，出数枚畀[③]余，皆已黝烂，且叮无令人知。及趋中琼台，余复求之，主观仍辞谢弗有。因念由下琼台而出，可往玉虚岩，便失南岩、紫霄，奈何得一失二，不若仍由旧径上，至路旁泉溢处，左越蜡烛峰，去南岩应较近。忽后有追呼者，则中琼台小黄冠，以师命促余返。观主握手曰："公渴求珍植，幸得两枚，少慰公怀。但一泄于人，罪立至矣。"出而视之，形侔[④]金橘，漉[⑤]以蜂液，金相玉质，非凡品也。珍谢别去。复上三里余，直造蜡烛峰坳中。峰参差廉利[⑥]，人影中度，兀兀欲动。既度，循崖宛转，连越数重。峰头土石往往随地异色。既而闻梵颂声，则仰见峰顶遥遥上悬，已出朝天宫右矣。仍上八里，造南岩之南天门，趋谒正殿，右转入殿后，崇崖嵌空，如悬廊复道，蜿蜒山半，下临无际，是名南岩，亦名紫霄岩，为三十六岩之最，天柱峰正当其面。自岩还至殿左，历级坞中，数抱松杉，连阴挺秀。层台孤悬，高峰四眺，是名飞升台。暮返宫，贿其小徒，复得榔梅六枚。明日再索之，不可得矣。

突石危岩

【注释】

①鹄：天鹅。

②诚天真奥区也：实在是未受人世礼俗影响的中心腹地！

③畀：给予。

④侔：相同。

⑤漉：渗。

⑥廉利：棱角锋利。

【原文】

十五日 从南天门宫左趋雷公洞。洞在悬崖间。余欲返紫霄，由太子岩历不二庵，抵五龙。舆者轿夫谓迂曲不便，不若由南岩下竹笆桥，可览滴水岩、仙侣岩诸胜。乃从北天门下，一径阴森，滴水、仙侣二岩，俱在路左，飞崖上突，泉滴沥于中，中可容室，皆祠真武。至竹笆桥，始有流泉声，然不随涧行。乃依山越岭，一路多突石危岩，间错于乱蒨[1]丛翠中，时时放榔梅花，映耀远近。

过白云、仙龟诸岩，共二十余里，循级直下涧底，则青羊桥也。涧即竹笆桥下流，两崖蓊葱蔽日，清流延回，桥跨其上，不知流之所云。仰视碧落，宛若瓮口。度桥，直上攒天岭。五里，抵五龙宫，规制与紫霄南岩相伯仲。殿后登山里许，转入坞中，得自然庵。已还至殿右，折下坞中，二里，得凌虚岩。岩倚重峦，临绝壑，面对桃源洞诸山，嘉木尤深密，紫翠之色互映如图画，为希夷[2]习静处。前有传经台，孤瞰壑中，可与飞升作匹。还过殿左，登榔梅台，即下山至草店。

华山四面皆石壁，故峰麓无乔枝异干。直至峰顶，则松柏多合三人围者。松悉五鬣，实大如莲，间有未堕者，采食之，鲜香殊绝。太和则四山环抱，百里内密树森罗，蔽日参天。至近山数十里内，则异杉老柏合三人抱者，连络山坞，盖国禁也。嵩、少之间，平麓上至绝顶，樵伐无遗，独三将军树巍然杰出耳。山谷川原，候同气异。余出嵩、少，始见麦畦青。至陕州，杏始花，柳色依依向人。入潼关，则驿路既平，垂杨夹道，梨李参差矣。及转入泓峪，而层冰积雪，犹满涧谷，真春风所不度也。过坞底岔，复见杏花。出龙驹寨，桃雨柳烟，所在都有。忽忆日已清明，不胜景物悴忧伤情。遂自草店，越二十四日，浴佛后一日抵家。以太和榔梅为老母寿。

【注释】

①乱蒨：野草。

②希夷：即唐末隐士陈抟，号希夷先生。

闽游日记

【释题】

闽即福建省的简称。秦时即设闽中郡。该省最大的河流称闽江，因此该省简称“闽”。《闽游日记》分前后两部分，前部即是作者于1628年游时所记，后部则是作者1630年再次游闽时的记录，因游览线路不同，故所记所感俱不同。

日记前篇记述他于1628年入闽游历所见，后篇则述1630年他再次游闽所见。在此之前，徐霞客于1616年游武夷山，1620年游九鲤湖，均分别作记。

前篇记述了他由丹枫岭入闽，经浦城达今建瓯，再至延平府（今南平），乘舟达永安。中途兴游金斗山，对其乔松艳草、水色山光颇为流连。在延平，游历玉华洞，并对在延平遇雪作了有趣记录，尽抒赤足奔于雪中的自然豪情。至于对玉华洞的描绘，极尽曲折手法，对洞外洞内之景皆观察细致，对洞内钟乳形态、颜色的描绘也尽其手段，显示出他对自然的高妙体悟。在永安，登临马山岭，远眺众山，心中爽快。再南下，向漳平进发。再乘船入九龙江，对沿江两岸之境颇着笔墨，并对其江流水况亦作了描述。

此游记止记于抵南靖。

后篇所记是1630年入闽的游历。此次重记仙霞岭风光，其游迹有的与前次相同，亦有新的探险，如游龙洞、探龙池，脱衣奋力摩背贴胸而入之情景，既显其地之险胜又显其人之执着，非如此不能见新景。其下的描绘记游多笔墨酣畅，对山峰石笋、嫩绿浮烟俱尽情细写，直至延平。

到永安境内，游巩川（今贡川），描述山岩溪水甚精妙。特别对桃源洞之景的描绘引人入胜。入九龙江，对江流石岸峰烟树影多有妙笔，其刻画之精细比前篇胜出一筹。因其次游是受漳州司理所邀，故游踪以抵漳州为止。

【原文】

崇祯改元戊辰之仲春[1]，发兴为闽、广游。二十日始成行。三月十一日，抵江山之青湖，为入闽登陆道。十五里，出石门街，与江郎为面，如故人再晤。十五里，至峡口，已暮。又行十五里，宿于山坑。

【注释】

①崇祯改元戊辰：即1628年，崇祯朱由检即位，更改年号，故称“改元”。

【原文】

十二日　二十里，登仙霞岭。三十五里，登丹枫岭[1]，岭南即福建界。又七里，西有路越岭而来，乃江西永丰道，去永丰尚八十里。循溪折而东，八里，至梨岭麓，四里登其巅，前六里，宿于九牧[2]。

十三日　三十五里，过岭，饭于仙阳。仙阳岭不甚高，而山鹃丽日，颇可爱。饭后得舆，三十里，抵浦城，日未晡也。时道路俱传泉、兴海盗为梗，宜由延平上永安。余亦久蓄玉华之兴，遂觅延平舟。

十四日 舟发四十里，至观前。舟子省家[③]早泊，余遂过浮桥，循溪左登金斗山。石磴修整，乔松艳草，幽袭人裾！过三亭，入玄帝宫；由殿后登岭。兀兀中悬，四山环拱，重流带之，风烟欲暝，步步惜别！

十五日 辨色[④]即行。悬流鼓楫[⑤]，一百二十里，泊水矶。风雨彻旦，溪喧如雷。

【注释】

①丹枫岭：即福建与浙江交界处的枫岭关。

②九牧：位于今福建省。

③省家：回家探亲。

④辨色：天刚蒙蒙亮。

⑤悬流鼓楫：奔流的江水趋动舟船。

【原文】

十六日 六十里，至双溪口，与崇安水合。又五十五里，抵建宁郡。雨不止。

十七日 水涨数丈，同舟俱阁不行。上午得三板舟，附之行。四十里，太平驿，四十里，大横驿，过如飞鸟。三十里，黯淡滩，水势奔涌。余昔游鲤湖过此，但见穹石崿[①]峙，舟穿其间，初不谓险；今则白波山立，石悉没形，险倍昔时。十里，至延平。

【注释】

①崿：山崖。

【原文】

十八日　余以轻装出西门，为玉年洞游。南渡溪，令奴携行囊，由沙县上水至永安相待。余陆行四十里，渡沙溪而西。将乐之水从西来，沙县之水从南来，至此合流，亦如延平之合建溪也。南折入山，六十里，宿三连铺，乃瓯宁、南平、顺昌三县之界。

十九日　五里，越白沙岭，是为顺昌境。又二十五里，抵县。县临水际，邵武之水从西来，通光泽。归化之水从南来，俱会城之东南隅。隔水望城，如溪堤带流也。循水南行三十里，至杜源，忽雪片如掌。十五里，至将乐境，乃杨龟山①故里也。又十五里，为高滩铺。阴霾尽舒，碧空如濯，旭日耀芒，群峰积雪，有如环玉。闽中以雪为奇，得之春末为尤奇。村氓②市媪，俱曝日提炉；而余赤足飞腾，良大快也！二十五里，宿于山涧渡之村家。

二十日　渡山涧，溯大溪南行。两山成门曰莒峡。溪崖不受趾③，循山腰行。十里，出莒峡铺，山始开。又十里，入将乐。出南关，渡溪而南，东折入山，登滕岭。南三里，为玉华洞道。先是过滕岭，即望东南两峰耸立，翠壁嶙峋，迥与诸峰分形异色。抵其麓，一尾横曳，回护洞门。门在山坳间，不甚轩豁，而森碧上交，清流出其下，不觉神骨俱冷！山半有明台庵，洞后门所经。余时未饭，复出道左登岭。石磴萦松，透石三里，青芙蓉顿开，庵当其中。饭于庵，仍下至洞前门，觅善导者。乃碎斫松节置竹篓中，导者肩负之，手提铁络，置松燃火，烬辄益之。初入，历级而下者数尺，即流所从出也。溯流屈曲，度木板者数四，倏隘倏穹，倏上倏下；石色或白或黄，石骨或悬或竖，惟“荔枝柱”、“风泪烛”、“幔天帐”、“达摩渡江”、“仙人田”、“葡萄伞”、“仙钟”、“仙鼓”最肖。沿流既穷，悬级而上，是称“九重楼”。遥望空濛[4]，忽曙色欲来，所谓“五更天”也。至此最奇，恰与张公洞由暗而明者一致。盖洞门斜启，玄朗映彻，犹未睹天碧也。从侧岭仰瞩，得洞门一隙，直受圆明。其洞口由高而坠，弘含奇瑰，亦与张公同。第张公森悬诡丽者，俱罗于受明之处；此洞眩巧争奇，遍布幽奥，而辟户更拓；两洞同异，正在伯仲间也。拾级上达洞顶，则穹崖削天，左右若青玉赪[6]肤，实出张公所未备。下山即为田塍。四山环锁，水出无路，汩然中坠，盖即洞间之流，此所从入也。复登山半，过明台庵。庵僧曰：“是山石骨棱厉，透露处层层有削玉裁云态，苦为草树所翳，故游者知洞而不知峰。”遂导余上拾鸟道，下披蒙茸，得星窟焉。三面削壁丛悬，下坠数丈。窟旁有野橘三株，垂实累累。从山腰右转一二里，忽两山交脊处，棘翳四塞，中有石磴齿齿，萦回于悬崖夹石间。仰望峰顶，一笋森森独秀。遂由洞后穹崖之上，再历石门，下浴庵中，宿焉。

【注释】

①杨龟山：即杨时。

②氓：通“民”。

③受趾：指落脚。

④空濛：水雾迷蒙。

⑤赪：红。

【原文】

二十一日　仍至将乐南门，取永安道。

二十四日 始至永安，舟奴犹未至。

二十五日 坐待奴于永安旅舍。乃市顺昌酒，浮白饮酒楼下。忽呼声不绝，则延平奴也。遂定明日早行计。

二十六日 循城溯溪，东南二十里，转而南；二十五里，登大泄岭，岧峣[①]行云雾中。如是十五里，得平阪，曰林田。时方下午，雨大，竟止。林田有两溪自南来：东浑赤如血，西则一川含绿，至此合流。

【注释】

①岧峣：高峻。

【原文】

二十七日 溯赤溪行。久之，舍赤溪，溯澄溪。共二十里，渡坑源上下桥，登马山岭。转上转高，雾亦转重，正如昨登大泄岭时也。五里，透其巅，为宁洋界。下五里，饭于岭头。时旭日将中，万峰若引镜照面。回望上岭已不可睹，而下方众岫[①]骈列，无不献形履下。盖马山绝顶，峰峦自相亏蔽，至此始廓然为南标。询之土人，宁洋未设县时，此犹属永安，今则岭北水俱北者属延平，岭南水俱南者属漳州。随山奠川[②]，固当如此建置也。其地南去宁洋三十里，西为本郡之龙岩，东为延平之大田云。下山十里，始从坑行。渡溪桥而南，大溪遂东去。逾岭，复随西来小溪南行，二十里，抵宁洋东郭。绕城北而西，则前大溪经城南来，恰与小溪会，始胜舟。

二十八日 将南下，传盗警，舟不发者两日。

四月初一日 平明，舟始前，溪从山峡中悬流南下。十余里，一峰突而西，横绝溪间，水避而西，复从东折，

山峡危逼

势如建瓴[③]，曰石嘴滩。乱石丛立，中开一门，仅容舟。舟从门坠，高下丈余，余势屈曲，复高下数丈，较之黯淡诸滩，大小虽殊悬，险更倍之也。

众舟至此，俱鳞次以下。每下一舟，舟中人登岸，共以缆前后倒曳之，须时乃放。过此，山峡危逼，复嶂插天，曲折破壁而下，真如劈翠穿云也。三十里，过馆头，为漳平界。一峰又东突，流复环东西折，曰溜水滩。峰连嶂合，飞涛一缕，直舟从云汉[④]，身挟龙湫矣。已而山势少开，二十余里，为石壁滩。其石自南而突，与流相扼，流不为却，捣击之势，险与石嘴、溜水而三也。下此，有溪自东北来合。再下，夹溪复至东北来合，溪流遂大，势亦平。又东二十里，则漳平县也。

宁洋之溪，悬溜迅急，十倍建溪。盖浦城至闽安入海，八百余里，宁洋至海澄入海，止三百余里，程愈迫，则流愈急。况梨岭下至延平，不及五百里，而延平上至马岭，不及四百而峻，是二岭之高伯仲也。其高既均，而入海则减，雷轰入地之险，宜咏于此。

【注释】

①众岫：众山。

②随山奠川：水势随山势流转。

③势如建瓴：意即水势急而畅。

④云汉：天河。

【原文】

初二日　下华封舟。行数里，山势复合，重滩叠溜，若建溪之太平、黯淡者，不胜数也。六十里，抵华封，北溪至此，皆从石脊悬泻，舟楫不能过，遂舍舟逾岭。凡水惟滥觞发源之始，不能浮槎[①]，若既通，而下流反阻者，止黄河之三门集津，舟不能上下；然汉、唐挽漕，缆迹犹存。未若华封自古及今，竟无问津之时。拟沿流穷其险处，而居人惟知逾岭，无能为导。

【注释】

①槎：竹筏。

【原文】

初三日 登岭，十里，至岭巅，则溪水复自西来，下循山麓，俯瞰只一衣带水耳。又五里，则隤[①]然直下，又二里，抵溪。舟行八十里，至西溪。西南陆行三十里，即漳郡。顺流东南二十里，为江东渡，乃兴、泉东来驿道也。又顺流六十里，则出海澄入海焉。

初四日 舆行二十里，入漳之北门。访叔司理[②]，则署印南靖，去郡三十里。遂雨中出南门，下夜船往南靖。

初五日 晓达南靖，以溯流迂曲也。溪自南平来，到南靖六十里，势于西溪同其浩荡，经漳郡南门，亦至海澄入海。不知漳之得名，两溪谁执牛耳[③]也？

【注释】

①隤：坠落。

②司理：宋代官名。

③执牛耳：谁将称霸，谁为盟主之意。

游天台山日记（后）

【释题】

此篇日记为徐霞客第二次游天台山时所记，该记对天台山水系分析得很细致精确。

此篇游记重点记录了作者探石笋奇观、览螺蛳潭大水、登桐柏山、阅百丈龙潭等所见，其后急变游踪，忽趋桃源涧，最后对天台山水系作了较为完整的分析与介绍。

该记语言十分优美，对山峰、山洞、溪流、林木、宫阙等景观所显示的不同特点皆点化成趣，而对水态溪流的分析介绍皆准确实在，可见其考察的细致与追求科学的精神，比起第一篇《游天台山日记》来，更见功夫。

【原文】

壬申（1632年）三月十四日 自宁海发骑[①]，四十五里，宿岔路口。其东南十五里，为桑洲驿，乃台郡道也。西南十里，松门岭，为入天台道。

【注释】

①发骑：骑马出发。

【原文】

十五日 渡水母溪，登松门岭，过玉爱山，共三十里，饭于筋竹岭庵，其地为宁海、天台界。陟[①]山冈三十余里，寂无人烟，昔弥陀庵亦废。下一岭，丛山杳冥中，得村家，瀹[②]茗饮石上。又十余里，逾岭而入天封寺。寺在华顶峰下，为天台幽绝处。却骑，同僧无馀上华顶寺，宿净因房，月色明莹。其地去顶尚三里，余乘月独上，误登东峰之望海尖，西转，始得路至华顶。归寺已更余矣。

【注释】

①陟：登。

②瀹：煮。

【原文】

十六日 五鼓，乘月上华顶，观日出。衣履尽湿，还炙衣寺中。从寺右逾一岭，南下十里，至分水岭。岭西之水出石梁，岭东之水出天封。循溪北转，水石渐幽。又十里，过上方广寺抵昙花亭，观石梁奇丽，若初识者。

十七日 仍出分水岭，南十里，登察岭。岭甚高，与华顶分南北界。西下至龙王堂，其地为诸道交会处。南十里，至寒风阙。又南下十里，至银地岭，有智者塔已废。左转得大悲寺，寺旁有石，为智者拜经台。寺僧恒如为炊饭，乃分行囊，从国清下。至县，余与仲昭兄以轻装东下高明寺。寺为无量讲师复建，右有幽溪。溪侧诸胜曰圆通洞、松风阁、灵响岩。

十八日 仲昭[①]坐圆通洞，寺僧导余探石笋之奇。循溪东下，抵螺溪。溯溪北上，两崖峭石夹立，树巅飞瀑纷纷。践石蹑流，七里，山回溪坠，已到石笋峰底，仰面峰莫辨，以右崖掩之也。从崖侧逾隙而下，反出石笋之上，始见一石矗立涧中，涧水下捣其根，悬而为瀑，亦水石奇胜处也。循溪北转，两崖愈峭，下汇为潭，是为螺蛳潭，上壁立而下渊深。攀崖侧悬藤，踞石遥睇其内。潭上石壁，中劈为四岐，若交衢[②]然。潭水下薄，不能窥其涯涘[③]。最内两崖之上，一石横嵌，俨若飞梁。梁内飞瀑自上坠潭中，高与石梁等。四旁重崖回映，可望而不可即，非石梁所能齐也。其上有“仙人鞋”，在寒风阙之左可逾岭而至。雨骤，不成行，还憩松风阁。

【注释】

①仲昭：徐仲昭，徐霞客之族兄。

②衢：道路交叉口。

③涘：水边。

【原文】

二十日 抵天台县。至四月十六日，自雁宕返，乃尽天台以西之胜。北七里，至赤城麓，仰视丹霞[①]层亘，浮屠[②]标其巅，兀立于重岚攒翠间。上一里，至中岩，岩中佛庐新整，不复似昔时凋敝。时急于“琼台双阙”，不暇再蹑上岩，遂西越一岭，由小路七里，出落马桥。又十五里，西北至瀑布山左登岭。五里，上桐柏山。越岭而北，得平畴一围，群峰环绕，若另辟一天。桐柏宫正当其中，惟中殿仅存，夷、齐[③]二石像尚在右室，雕琢甚古，唐以前物也。黄冠久无住此者，群农见游客至，俱停耕来讯，遂挟一人为导。西三里，越二小岭，下层崖中，登琼台焉。一峰突瞰重坑，三而俱危崖回绕。崖右之溪，从西北万山中直捣峰下，是为百丈崖。崖根涧水，至琼台脚下，一泓深碧如黛，是名“百丈龙潭”。峰前复起一峰，卓立如柱，高与四围之崖等，即琼台也。台后倚百丈崖，前即双阙对峙，层崖外绕，旁绝附丽[4]。登台者从北峰悬坠而下，度坳脊处咫尺，复攀枝仰陟而上，俱在削石流沙间，趾无所着也。从台端再攀历南下，有石突起，窟其中为龛如琢削而就者，曰仙人坐。琼台之奇，在中悬绝壑，积翠四绕。双阙亦其外绕中对峙之崖，非由涧底再上，不能登也。忆余二十年前，同云峰自桃源来，溯其外涧入，第深穷窟奥。今始俯瞰于崖端，高深俱无遗胜矣。饭桐柏宫，仍下山麓，南从小径渡溪，十里，出天台、关岭之官道。复南入小径，隙行十里，路左一峰，兀立若天柱，问知为青山茁。又溯南来之溪，十里，宿于坪头潭之旅舍。

【注释】

①丹霞：红色山崖。

②浮屠：佛塔。

③夷、齐：即伯夷、叔齐。

④旁绝附丽：四周无依附之物。

【原文】

十七日　由坪头潭西南八里，至江司陈氏。渡溪左行，又八里，南折入山。陟小岭二重，又六里，重溪回合中，忽石岩高峙，其南即寒岩，东即明岩也。令童先驰，炊于明岩寺。余辈遂南向寒岩，路左俱悬崖盘列，中有一洞岈然。洞前石兔蹲伏，口耳俱备。路右即大溪萦回，中一石突出如擎[1]盖，心颇异之。既入寺，向僧索龙须洞灵芝石，即此也。寒岩在寺后，宏敞有余，玲珑未足。由洞右一上视鹊桥而出。由旧路一里，右人龙须洞。路为莽棘所翳[2]，上跻里许，如历九霄。此洞圆耸明豁，洞中斜倚一石，颇似雁宕之石梁，而梁顶有泉中洒，与宝冠之芭蕉洞如出一冶[3]。下山，仍至旧路口，东溯小溪，南转入明岩寺。寺在岩中，石崖四面环之，止东面八寸关通路一线。寺后洞窈窕非一，洞右有石笋突起，虽不及灵芝之

岚翠交流

雄伟，亦具体而微矣。饭后，由故道骑而驰，三十里，返坪头潭。又北二十五里，过大溪，即西从关岭来者，是为三茅。又北五里，越小涧二重，直抵北山下，入护国寺宿焉。

【注释】

①擎：举。

②翳：遮掩。

③如出一冶：如出一辙的意思。

【原文】

十八日 晨，急诣[1]桃源。桃源在护国东二里，西去桐柏仅八里。昨游桐柏时，留为还登万年之道，故选寒、明[2]。及抵护国，知其西有秀溪，由此入万年，更可收九里坑之胜，于是又特趋桃源。初由涧口入里许，得金桥潭。由此而上，两山愈束，翠壁穹崖，层累曲折，一溪介其中。溯之，三折而溪穷，瀑布数丈，由左崖泻溪中。余昔来瀑下，路穷莫可上，仰视穹崖北峙，溪左右双鬟诸峰，娟娟攒立，岚翠交流，几不能去。今忽从右崖丛莽中，寻得石径层叠，遂不及呼仲昭，冒雨拨棘而上。磴级既尽，复叠石横栈，度崖之左，已出瀑上。更溯之入，直抵北岩下，蹊磴俱绝，两瀑自岩左右分道下。遥睇岩左，犹有遗磴，从之，则向有累石为桥于左瀑上者，桥已中断，不能度。睇瀑之上流，从东北夹壁中来，止容一线，可践流而入。计其胜，不若右岩之瀑，乃还从大石间向西北上跻，抵峡窟下，得重潭甚厉[3]，四面俱直薄[4]峡底，无可缘陟。第从潭中西望，见石峡之内，复有石峡，瀑布之上，更悬瀑布，皆从西北杳冥[5]

中来，至此缤纷乱坠于回崖削壁之上，岚光掩映，石色欲飞。久之，还出层瀑下。仲昭以觅路未得，方独坐观瀑，遂同返护国。闻桃源溪口，亦有路登慈云、通元二寺，入万年，路较近。特以秀溪胜，故饭后仍取秀溪道。西行四里，北折入溪，溯流三里渐转而东向，是为九里坑。坑既穷，一瀑破东崖下坠，其上乱峰森立，路无可上。由西岭攀跻，绕出其北，回瞰瀑背，石门双插，内有龙潭在焉。又东北上数里，逾岭，山坪忽开，五峰围拱，中得万年寺，去护国三十里矣。万年为天台西境，正与天封相对，石梁当其中。地中古杉甚多。饭于寺。又西北三里，逾寺后高岭。又向西升陟岭角者十里，乃至腾空山。下牛牯岭，三里抵麓。又西逾小岭三重，共十五里，出会墅。大道自南来，望天姥山在内，已越而过之，以为会墅乃平地耳。复西北下三里，渐成溪，循之行五里，宿班竹旅舍。

天台之溪，余所见者，正东为水母溪。察岭东北，华顶之南，有分水岭，不甚高。西流为石梁，东流过天封，绕摘星岭而东，出松门岭，由宁海而注于海。正南为寒风阙之溪，下至国清寺，会寺东佛陇之水，由城西而入大溪者也。国清之东为螺溪，发源于仙人鞋，下坠为螺蛳潭，出与幽溪会，由城东而入大溪者也。又东有楢溪诸水，余屐未经。国清之西，其大者为瀑布水，水从龙王堂西流，过桐柏为女梭溪，前经三潭，坠为瀑布，则清溪之源也。又西为琼台、双阙之水，其源当发于万年寺东南，东过罗汉岭，下深坑而汇为百丈崖之龙潭，绕琼台而出，会于青溪者也。又西为桃源之水，其上流有重瀑，东西交注，其源当出通元左右，未能穷也。又西为秀溪之水，其源出万年寺之岭，西下为龙潭瀑布，西流为九里坑，出秀溪东南而去。诸溪自青溪以西，俱东南流入大溪。又正西有关岭、王渡诸溪，余屐亦未经。从此再北有会墅岭诸流，亦正西之水，西北注于新昌。再北有福溪、罗木溪，皆出天台阴[6]，而西为新昌大溪，亦余屐未经者矣。

【注释】

①诣：前往。

②寒、明：寒岩、明岩。

③厉：阴森恐怖。

④薄：迫近。

⑤杳冥：深远而不可见的地方。

⑥天台阴：即天台山北面。

游雁宕山日记（后）

【释题】

此篇亦为第二次游览雁宕山时所记，第一次游览日期为1613年。

1632年，徐霞客再游雁宕山，这次游历主要记录了他探灵峰洞、天聪洞、大龙湫、屏霞嶂等地的观感。此次游记较为具体，作者对所游经历的细节皆备述其详，生动可感，如游天聪洞时，描绘践木登升的过程即“梯穷济以木，木穷济以梯，梯木俱穷，则引绳揉树”等细节，不但生动，而且也显示了人与自然搏斗的精彩场面。至于对景物的记述，则词语精练，句式匀称，极富节奏感，绘形绘声无不出奇。

【原文】

余与仲昭兄游天台，为壬申[1]三月。至四月二十八日，达黄岩，再访雁山。觅骑出南门，循方山十里，折而西南行，三十里，逾秀岭，饭于岩前铺。五里，为乐清界，五里，上盘山岭。西南云雾中，隐隐露芙蓉一簇，雁山也。十里，郑家岭，十里，大荆驿。渡石门涧，新雨溪涨，水及马腹。五里，宿于章家楼，是为雁山之东外谷。章氏盛时，建楼以憩山游之屐[2]，今旅肆[3]寥落，犹存其名。

二十九日　西入山，望老僧岩而趋。二里，过其麓。又二里，北渡溪，上石梁洞。仍还至溪旁，西二里，逾谢公岭。岭以内是为东内谷。岭下有溪自北来，夹溪皆重岩怪峰，突兀无寸土，雕镂百态。渡溪，北折里许，入灵峰寺。峰峰奇峭，离立满前[4]。寺后一峰独耸，中袭一罍[5]，上透其顶，是名灵峰洞。蹑千级而上，石台重整，洞中罗汉像俱更新。下饭寺中。同僧自照胆潭越溪左，观风洞。洞口仅半规，风蓬蓬出射数步外。遂从溪左历探崖间诸洞。还寺，雨大至，余乃赤足持伞溯溪北上。将抵真济寺，山深雾黑，茫无所睹，乃还过溪东，入碧霄洞。守愚上人精舍在焉。余觉其有异，令僮还招仲昭，亦践流而至，恨相见之晚，薄暮，返宿灵峰。

【注释】

①壬申：1632年。

②憩山游之屐：意思是供游客休息停歇。

③旅肆：旅馆。

④离立满前：群峰独立于寺前。

⑤罍：裂缝。

【原文】

三十日　冒雨循流西折，二里，一溪自西北来合，其势愈大。渡溪而西，溯而西北行，三里，入净名寺。雨益甚，云雾中仰见两崖，重岩夹立，层叠而上，莫辨层次。衣履沾透，益深穷西谷，中有水帘谷、维摩石室、说法台诸胜。二里，至响岩。岩右有二洞，飞瀑罩其外，余从榛[1]莽中履险以登。其洞一名龙王，一名三台。二洞之前，有岩突出，若露台然，可栈而通也。出洞，返眺响岩之上，一石侧耳附峰头，为“听诗叟”。又西二里，入灵岩。自灵峰西转，皆崇岩连幛[②]，一开而为净名，一罍直入，所称一线天也。再开而为灵岩，叠嶂回环，寺当其中。

五月朔 仲昭与余同登天聪洞。洞中东望圆洞二，北望长洞一，皆透漏通明，第峭石直下，隔不可履。余乃复下至寺中，负梯破莽，率僮逾别坞，直抵圆洞之下，梯而登。不及，则斫木横嵌夹石间，践木以升。复不及，则以绳引梯悬石隙之树。梯穷济以木，木穷济以梯，梯木俱穷，则引绳揉树，遂入圆洞中，呼仲昭相望而语。复如法蹑长洞而下，已日中矣。西抵小龙湫之下，欲寻剑泉，不可得。踞石碛而坐，仰视回嶂逼天，峭峰倒插，飞流挂其中，真若九天曳帛者[③]。西过小剪刀峰，又过铁板嶂。嶂方展如屏，高插层岩之上，下开一隙如门，惟云气出没，阻绝人迹。又过观音岩，路渐西，岩渐拓，为犁尖，复与常云并峙，常云南下，跌而复起，为戴辰峰。其跌处有坳，曰马鞍岭，内谷之东西分者，以是岭为界。从灵岩至马鞍岭凡四里，而崇峦屼嵲[④]，应接不暇。逾岭，日色渐薄崦嵫[⑤]。二里，西过大龙湫溪口，又二里，西南入宿能仁寺。

【注释】

①榛：指荆棘。

②连幛：山峰连绵，好像连成了屏障。

③若九天曳帛者：像天上挂下的绸练。

④屼嵲：耸立突兀的样子。

⑤崦嵫：太阳西下。

【原文】

初二日 从寺后坞觅方竹，无佳者。上有昙花庵，颇幽寂。出寺右观燕尾泉，即溪流自龙湫来者，分二股落石间，故名。仍北溯流二里，西入龙湫溪口；更西二里，由连云嶂入，大剪刀峰矗然立涧中，两崖石壁回合，大龙湫之水从天下坠。坐看不足亭，前对龙滩，后揖剪刀，身在四山中也。出连云嶂，逾华岩岭，共二里，入罗汉寺。寺久废，卧云师近新[1]之。卧云年八十余，其相与飞来石罗汉相似，开山巨手也。余邀师穷顶，师许同上常云，而雁湖反在其西，由石门寺为便。时已下午，以常云期之后日，遂与其徒西逾东岭，至西外谷，共四里，过石门寺废址。随溪西下一里，有溪自西来合，即凌云宝冠诸水也，二水合而南入海。乃更溯西来之溪，宿于凌云寺。寺在含珠峰下，孤峰插天，忽裂而为二，自顶至踵，仅离咫尺，中含一圆石如珠，尤奇绝。循溪北入石夹，即梅雨潭也。飞瀑自绝壁下激，甚雄壮，不似空濛雨色而已。

【注释】

①近新：最近重新修葺。

【原文】

初三日 仍东行三里，溯溪北入石门，停担于黄氏墓堂。历级北上雁湖顶，道不甚峻。直上二里，向山渐伏，海屿来前，愈上，海辄逼足下。又上四里，遂逾山脊。山自东北最高处迤逦[1]连绵而来，播[2]为四支，皆易石而土。四支之脊，隐隐隆起，其夹处汇而成洼者三，每崖中复有脊，南北横贯，中分为两，总计之，不止六洼矣。洼中积水成芜[3]，青青弥望[4]，所称雁湖也。而水之分堕于南者，或自石门，或出凌云之梅雨，或为宝冠之飞瀑。其北堕者，则降阴诸水也，皆与大龙湫风马牛无及云。既逾冈，南望大海，北瞰南閤之溪，皆远近无蔽，惟东峰尚高出云表。余欲从西北别下宝冠，重岩积莽，莫可寄足。复寻旧路下石门，西过凌云，从含珠峰外二里，依涧访宝冠寺。寺在西谷绝坞中，已久废，其最深处，石崖回合，磴道俱绝。一洞高悬崖足，斜石倚门。门分为二，轩豁透爽，飞泉中洒，内多芭蕉，颇似闽之美人蕉。外则新箨[5]高下，渐已成林。至洞，闻瀑声如雷，而崖石回掩，杳不可得见。乃下山涉溪，回望洞之右胁，崖卷成罅，瀑从罅中直坠，下捣于圆坳，复跃出坳成溪去，其高亚龙湫，较似壮胜，故非宕山第二流也。东出故道，宿罗汉寺。

【注释】

①迤逦：曲折蜿蜒。

②播：分散。

③芜：草生之地。

④弥望：满眼，视野所及处。

⑤箨：竹笋之皮。

【原文】

初四日　早，望常云峰，白云濛翳，然不为阻，促卧云同上。东逾华岩二里，由连云嶂之左，道松洞之右，跻级而上，共三里，俯瞰剪刀峰已在屐底。一里，山回溪出，龙湫上流也。渡溪。过白云云外二庐，又北入云静庵。庵庐与登山径，修整俱异昔时。卧云令其徒采笋炊饭。既饭，诸峰云气倏尽，仲昭留坐庵中，余同卧云直跻东峰。又二里，渐闻水声，则大龙湫从卷崖中泻下。水出绝顶之南、常云之北，夹坞中即其源也。溯水而上二里，水声渐微。又二里逾山脊，此脊北倚绝顶，南出分为两支，东支为观音岩，西支为常云峰，此其过脉处也。正脊之东为吴家坑，其峰之回列者，近为铁板嶂，再绕为灵岩，又再绕为净名，又再绕为灵峰，外为谢公岭而尽。脊之西，其坑即龙湫背。其峰之回列者，近为龙湫之对崖，再绕为芙蓉峰，又再绕为凌云，又再绕为宝冠，上为李家山而止。此雁山之南面诸峰也。而观音、常云二峰，正当其中，已伏杖履下，惟北峰若负扆然，犹屏立于后。北上二里，一脊平峙，狭如垣墙，两端昂起，北颓然直下，即为南阁溪横流界，不若南面之环互矣。余从东巅跻西顶，倏踯躅[1]声大起，则骇鹿数十头也。其北一峰，中剖若斧劈，中则石笋参差，乱崖森立，深杳无底。鹿皆奔堕其中，想有陨堑者。诸僧至，复以石片掷之，声如裂帛，半响始沉，鹿益啼号不止。从此再西，则石脊中断，峰亦渐下，西北眺雁湖，愈远愈下。余二十年前探雁湖，东觅高峰，为断崖所阻，悬绠绳索而下，即此处也。昔历其西，今东出其上，无有遗憾矣。返下云静庵，循溪至大龙湫上，下瞰湫底龙潭，圆转夹崖间，水从卷壁坠潭，跃而下喷，光怪不可迫视。遂逾溪西上，南出龙湫之对崖，历两峰而南，其岭即石门东，罗汉之西，南出为芙蓉峰，又南下为东岭者也。芙蓉峰圆亘特立，在罗汉寺西南隅。既至其下，始得路。东达于寺，日已西，仲昭亦先至矣。

初五日 别卧云出罗汉寺，循溪一里，至龙湫溪口。凡四里，逾马鞍而下。北望观音峰下，有石璺若门，层列非一。仲昭已前向灵岩。余挟一僮北抵峰下，循樵路西转二里，直抵观音、常云之麓，始知二峰上虽遥峙，其下石壁连亘成城。又循崖东跻里许，出石罍之上，丛木密荫，不能下窥，崖端磐石如擎盖，上平如砥，其下四面皆空，坐其上久之。复下循石罍而入，层崖悬裂，皆可扪而通也。罍外一峰特起，薄齐片云，圆顶拱袖，高若老僧岩，严若小儿拱立。出路隅，居多吴氏，有吴应岳者留余餐。余挟之溯溪入，即绝顶所望吴家坑溪也，在铁板、观音之间。欲上溪左黄崖层洞，崖在铁板嶂之西，洞在崖之左，若上下二层者。抵其下，不得上，出其上，洞又在悬崖间，无可下也。乃循崖东行，又得一石罍，望其上，层叠可入，计非构木悬梯不能登。从此下一小峰，曰莺嘴岩，与吴别。东过铁板嶂下，见其中石罍更大，下若有洞流而成溪者。亟溯流入，抵洞下，乱石窒塞，而崖左有路直上，凿坎悬崖间，垂藤可攀。遂奋勇上，衣碍则解衣，杖碍则弃杖，凡直上一崖，复横历一崖，如是者再，又栈木为桥者再，遂入石罍中。石对峙如门，中宽广，得累级以升。又入石门两重，仰睇其上，石壁环立，青天一围，中悬如井。壁穷，透入洞中。洞底日光透处有木梯，猱升[2]其上，若楼阁然。从阁左转，复得平墟大丘，后即铁板嶂高列，东西危崖环绕，南面石罍下伏，轩敞回合，真仙灵所宅矣！内有茅屋一楹，虚无人居。隙地上多茶树，故坎石置梯，往来其间耳。下至溪旁，有居民。遂越小剪刀峰而东，二里，入灵岩，与仲昭会。

【注释】

①踯躅：来回走动。

②猱升：像猿一样爬上。

【原文】

初六日　挟灵岩僧为屏霞嶂之游，由龙鼻洞右攀石罅上，半里，得一洞甚奇。又上半里，崖穹路绝，有梯倚崖端，盖烧炭者所遗。缘梯出其上，三巨石横叠两崖间，内覆石成室，跨其外者为仙桥。其室空明幽敞，蔽于重岩之侧，虽无铁板嶂、石门之奇瑰攒合，而幽邃自成一天。复透洞左上，

峭壁陡立

攀藤历栈，遂出屏霞嶂之中层，盖龙鼻顶也。崖端亦宽垲[①]可庐[②]，后嶂犹上倚霄汉，嶂右有岩外覆，飞泉落其前。由右复攀跻崖石，几造嶂顶，为削石所阻。其侧石隙一缕，草木缘附，可以着足，遂随之下。崖间多修藤垂蔓，各采而携之。当石削不受树，树尽不受履处，辄垂藤下。如是西越石冈者五重，降升不止数里，始下临绝涧，即小龙湫上游也。其涧发源雁顶之东南，右即铁板，左即屏霞，二嶂中坠为绝壑，重崖亏蔽，上下无径，非悬緪不能飞度也。入涧，践石随流，东行里许，大石横踞涧中，水不能越，穴石下捣，两旁峭壁皆斗立，行者路绝。乃缚木为梯升崖端，复缒[③]入前涧下流，则横石之下，穹然中空，可树十丈旗。水从石后建瓴下注，汇潭漾碧，翛然[④]沁人。左右两崖，俱有洞高峙。由此而前，即龙湫下坠处也。余两次索剑泉，寺僧辄云："在

龙湫上，人力鲜达。”今仍杳然，知沦没已久。欲从此横下两峰，遂可由仙桥达石室，乃斫木缚梯，盘绝岘者数四，俯视独秀、双鸾诸峰，近在屐底。既逼仙桥，隔崖中断，日已西，疲甚，乃返觅前辙，复经屏霞侧石室返寺，携囊过净名，投宿灵峰。

【注释】

①垲：地势高而干燥。

②可庐：建造房屋。

③缒：用绳向下吊。

④翛然：无拘无束的样子。

【原文】

初七日 溯寺前溪，观南碧霄冈，轩爽[1]无他奇。又三里，西转，望真济寺，在溪北坞中。是溪西由断崖破峡而来，峡南峰为“五马朝天”，峥嵘尤甚。两旁逼仄石蹊，内无居民，棘茅塞路。行里许，甚艰，不可穷历。北过真济寺，寺僻居北谷，游屐[2]不到。寺右溯小溪三里，登马家山岭，路甚峻。登巅，望雁顶棱簇如莲花状，北瞰南阁，已在屐底。飞舄[3]而下即。四里余，得新庵，弛担于中，溯南阁溪，探宕阴诸胜。南阁溪发源雁山西北之箬袅岭，去此三十余里，与永嘉分界。由岭而南，可通芙蓉，入乐清。由岭而西，走枫林，则入瓯郡道也。溪南即雁山之阴，山势崇拓，竹木蓊茸，不露南面巉嵲[4]态。溪北大山，自箬袅迤逦而来，皆层崖怪峰，变换阖辟，与云雾争幻，至阁而止。又一山北之溪，自北阁来会，俱东下石门潭。门内平畴千亩，居人皆以石门为户牖，此阁所由名，而南北则分以溪也。南阁有章恭毅宅，西入有石佛洞、散水岩、洞仙岩诸胜。北阁有白岩寺旧址，更西有王子晋仙桥为尤奇。余冒雨穷南阁，先经恭毅宅，聚族甚盛。溯溪五里，过犁头庵，南即石佛洞，以路芜不能入。西十里至庄坞，夹溪居民皆叶姓。散水岩在北坞中，石崖横亘，飞瀑悬流，岩左登岭有小庵。时暮雨，土人留宿庄坞，具言洞仙院之胜。

初八日 雨未止。西溯溪行三里，山涧愈幽。随溪转而北，又二里，隔溪小径破云磴而入。东渡溪从之，忽峰回溪转，深入谷中，则烟峦历乱。峰从庄坞之后连亘至此，又开一隙，现此瑰异。执土人问之，曰："此小纂厝[⑤]也，洞仙尚在其外大溪上流。"复出而渡溪，里许。有溪自东来入，即洞仙坞溪矣。渡大溪，溯小溪东上，其中峰峦茅舍，与前无异。洞仙即在其内崖，倚峰北向，层篁[⑥]翳之。乃破莽跻石隙而入，初甚隘，最上渐宽。仍南出庄坞，东还犁头庵，终不得石佛洞道。遂出过南阁，访子晋仙桥，在北阁底尚二十里。念仲昭在新庵甚近，还晤庵中。日已晡，竟不及为北阁游，东趋大荆而归。

【注释】

①轩爽：高阔开朗的意思。

②游屐：游人的足迹。

③舄：鞋子的通称。

④巑崲：山势高大险峻。

⑤厝：摆设。

⑥篁：竹林。

游五台山日记

【释题】

五台山又简称台山，位于山西省五台县东北隅。五峰高耸，峰顶平坦宽阔如台，故称五台。东台称望海峰，南台为锦绣峰，西台为挂月峰，北台称叶斗峰，中台即翠岩峰。五座山峰环抱，绕周达250千米。该山为我国四大佛教名山之一，山内有规模宏大的古建筑群，历史和艺术价值甚高。

五台山可游之处甚多，而记中则主要记录了作者游南台（锦绣峰）、西台（挂月峰）、中台（翠岩峰）、北台（叶斗峰）等山峰的经历，而独不见东台。

记中对几座山峰的不同之处皆有描绘，且对各峰走势、林木、水溪也有记录。因为此山的特殊文化意蕴，游记对寺庙建筑的关注尤其突出，特别对万佛阁的描绘更是细致且倍加赞赏。写景状物极尽妍态，读之令人称快叹奇。

【原文】

癸酉（1633年）七月二十八日 出都为五台游。越八月初四日，抵阜平南关。山自唐县来，至唐河始密，至黄葵渐开，势不甚穹窿矣。从阜平西南过石梁，西北诸峰复崿嵷[①]起。循溪左北行八里，小溪自西来注，乃舍大溪，溯西溪北转，山峡渐束。又七里，饭于太子铺。北行十五里，溪声忽至。回顾右崖，石壁数十仞，中坳如削瓜直下。上亦有坳，乃瀑布所从溢者，今天旱无瀑，瀑痕犹在削坳间。离涧二三尺，泉从坳间细孔泛滥出，下遂成流。再上，逾鞍子岭。岭上四眺，北坞颇开，东北、西北，高峰对峙，俱如仙掌插天，惟直北一隙少杀[②]收束。复有远山横其外，即龙泉关也，去此尚四十里。岭下有水从西南来，初随之北行，已而溪从东峡中去。复逾一小岭，则大溪从西北来，其势甚壮，亦从东南峡中去，当即与西南之溪合流出阜平北者。余初过阜平，舍大溪而西，以为西溪即龙泉之水也，不谓西溪乃出鞍子岭坳壁，逾岭而复与大溪之上流遇，大溪则出自龙泉者。溪有石梁曰万年，过之，溯流望西北高峰而趋。十里，逼峰下，为小山所掩，反不睹嶙峋之势。转北行，向所望东北高峰，瞻之愈出，趋之愈近，峭削之姿，遥遥逐人[③]向人逼来，二十里之间，劳于应接。是峰名五岩寨，又名吴王寨，有老僧庐其上。已而东北峰下，溪流溢出，与龙泉大溪会，土人构石梁于上，非龙关道所经。从桥左北行八里，时遇崩崖矗立溪上。又二里，重城当隘口，为龙泉关。

【注释】

①嵱嵷：上下众多。

②杀：收束。

③逐人：向人逼来。

【原文】

初五日 进南关，出东关。北行十里，路渐上，山渐奇，泉声渐微。既而石路陡绝，两崖巍峰峭壁，合沓攒奇[①]，山树与石竞丽错绮[2]，不复知升陟之烦也。如是五里，崖逼处复设石关二重。又直上五里，登长城岭绝顶。回望远峰，极高者亦伏足下，两旁近峰拥护[3]，惟南来一线有山隙，彻目[4]百里。岭之上，巍楼雄峙，即龙泉上关也。关内古松一株，枝耸叶茂，干云俊物。关之西，即为山西五台县界。下岭甚平，不及所上十之一。十三里，为旧路岭，已在平地。有溪自西南来，至此随山向西北去，行亦从之。十里，五台水自西北来会，合流注滹沱河。乃循西北溪数里，为天池庄。北向坞中二十里，过白头庵村，去南台止二十里，四顾山谷，犹不可得其仿佛[5]。又西北二里，路左为白云寺。由其前南折，攀跻四里，折上三里，至千佛洞，乃登台间道。又折而西行，三里始至，宿。

【注释】

①合沓攒奇：层峦叠嶂，山岩交错攒聚。

②竞丽错绮：争奇斗艳，绮丽非凡。

③拥护：衬托，凸显。

④彻目：极目远眺。

⑤不可得其仿佛：无法看清其样貌。

【原文】

初六日 风怒起，滴水皆冰。风止日出，如火珠涌吐翠叶中。循山半西南行，四里，逾岭，始望南台在前。再上为灯寺，由此路渐峻。十里，登南台绝顶，有文殊[1]舍利塔。北面诸台环列，惟东南、西南少有隙地。正南，古南台在其下，远则盂县诸山屏峙，而东与龙泉峥嵘接势。从台右道而下，途甚夷，可骑。循西岭西北行十五里，为金阁岭。

又循山左西北下，五里，抵清凉石。寺宇幽丽，高下如图画。有石为芝形，纵横各九步，上可立四百人，面平而下锐[2]，属于下石者无几。从西北历栈拾级而上，十二里，抵马跑泉。泉在路隅山窝间，石隙仅容半蹄，水从中溢出，窝亦平敞可寺，而马跑寺反在泉侧一里外。又平下八里，宿于狮子窠。

初七日 西北行十里，度化度桥。一峰从中台下，两旁流泉淙淙，幽靓靓同静迥绝。复度其右涧之桥，循山西向而上，路欹[3]倾斜不平甚。又十里，登西台之顶。日映诸峰，一一献态呈奇。其西面，近则闭魔岩，远则雁门关，历历可俯而挈[4]也。闭魔岩在四十里外，山皆陡崖盘亘，层累而上，为此中奇处。入叩佛龛，即从台北下，三里，为八功德水。寺北面，左为维摩阁，阁下二石耸起，阁架于上，阁柱长短，随石参差，有竟不用柱者。其中为万佛阁，佛俱金碧旃檀，罗列辉映，不啻万尊。前有阁二重，俱三层，其周庐环阁亦三层，中间复道，往来空中。当此万山艰阻，非神力不能运[5]此。从寺东北行，五里，至大道，又十里，至台中。望东台、南台，俱在五六十里外，而南台外之龙泉，反若更近，惟西台、北台，相与连属。时风清日丽，山开列如须眉[6]。余先趋台之南，登龙翻石。其地乱石数万，涌起峰头，下临绝坞，中悬独耸，言是文殊放光摄影处。从台北直下者四里，阴崖悬冰数百丈，曰“万年冰”。其坞中亦有结庐者。初寒无几，台间冰雪，种种而是。闻雪下于七月二十七日，正余出都时也。行四里，北上澡浴池。又北上十里，宿于北台。北台比诸台较峻，余乘日色，周眺寺外。及入寺，日落而风大作。

【注释】

①文殊：佛教菩萨之一。

②锐：收缩。

③欹：道路崎岖不平。

④挈：即提取、拾取。

⑤运：运作、修造。

⑥山开列如须眉：山川如眉毛般并列两边。

【原文】

初八日 老僧石堂送余，历指诸山曰："北台之下，东台西，中台中，南台北，有坞曰台湾①，此诸台环列之概也。其正东稍北，有浮青特锐者，恒山也。正西稍南，有连岚一抹者，雁门也。直南诸山，南台之外，惟龙泉为独雄。直北俯内外二边，诸山如蓓蕾，惟兹山北护，峭削层叠，嵯峨之势，独露一班②。此北台历览之概也。此去东台四十里，华岩岭在其中。若探北岳，不若竟由岭北下，可省四十里登降。"余颔之。别而东，直下者八里，平下者十二里，抵华岩岭。由北坞下十里，始夷。一涧自北，一涧自西，两涧合而群峰凑，深壑中"一壶天"也。循涧东北行二十里，曰野子场。南自白头庵至此，数十里内，生天花菜③，出此则绝种矣。由此，两崖屏列鼎峙，雄峭万状，如是者十里。石崖悬绝中，层阁杰起，则悬空寺也，石壁尤奇。此为北台外护山，不从此出，几不得台山神理云。

【注释】

①台湾：今台怀镇。

②班：通"斑"。

③天花菜：五台山特产的一种菌类。

游恒山日记

【释题】

恒山，在山西浑源县东南，原称玄岳、紫岳、阴岳，明代列为五岳之一，始称北岳恒山。该记短小精悍，文字优美，写景与抒情结合完美，可堪一读。

记游恒山，先记游龙山，实出意外，谓之“桑榆之收”。接近恒山而未登进，已见山峰连绵，好不气派。至入倒马关和紫荆关，则描绘壁立双阙，评价此峡已超过武彝九曲。对悬空寺的描绘，则比之蜃楼阁宇，当可认为作者十分欣赏。既登恒山，则曲尽笔墨，写物产、写土石松影、写寝宫、写飞石窟直至会仙台。为登顶峰，不惜弃衣践棘，鼓勇而上，见莽莽苍苍一览众山之小，登临的乐趣由此可见。

此篇游记充实丰满，不但山景风光尽显笔下，而且活脱脱刻画出登山之人的勉力求索，与《游雁宕山日记（后）》之形象刻画有异曲同工之妙。

【原文】

去北台七十里，山始豁然，曰东底山。台山北尽，即属繁峙界矣。

初九日 出南山。大溪从山中俱来者，别而西去。余北驰平陆中，望外界之山，高不及台山十之四，其长缭绕如垣，东带平邢，西接雁门，横而径[①]者十五里。北抵山麓，渡沙河，即为沙河堡。依山瞰流，砖甃[②]高整。由堡西北七十里，出小石口，为大同西道。直北六十里，出北路口，为大同东道。余从堡后登山，东北数里，至峡口，有水自北而南，即下注沙河者也。循水入峡，与流屈曲，荒谷绝人。数里，义兴寨。数里，朱家坊。又数里，至葫芦嘴。舍涧登山，循嘴而上，地复成坞[③]，溪流北行，为浑源界。又数里，为土岭，去州尚六十里，西南去沙河，共五十里矣，遂止居住居民同姓家。

【注释】

①横而径：横穿而过。

②砖甃：用砖砌成的东西。

③坞：四周高中央凹的地方。

【原文】

初十日 循南来之涧北去三里，有涧自西来合，共东北折而去。余溯西涧入，又一涧自北来，遂从其西登岭，道甚峻。北向直上者六七里，西转，又北跻而上者五六里，登峰两重，造其巅，是名箭筸岭。自沙河登山涉涧，盘旋山谷，所值皆土魁[①]荒阜。不意至此而忽跻穹窿，然岭南犹复阿蒙也。一逾岭北，瞰东西峰连壁隤[②]，翠蜚丹流。其盘空环映者，皆石也，而石又皆树。石之色一也，而神理又各分妍。树之色不一也，而错综又成合锦。石得树而嵯峨倾嵌者，幕以藻绘[③]文采而愈奇。树得石而平铺倒蟠者，缘以突兀而尤古。如此五十里，直下至阮[④]底，则奔泉一壑，自南注北，遂与之俱出坞口，是名龙峪口，堡临之。村居颇盛，皆植梅杏，成林蔽麓。既出谷，复得平陆。其北又有外界山环之，长亦自东而西，东去浑源州三十里，西去应州七十里。龙峪之临外界，高卑远近，一如东底山之视沙河峡口诸山也。于是沿山东向，望峪之东，山愈嶙嶒斗峭，问知为龙山。龙山之名，旧著于山西，而不知与恒岳比肩。至是既西涉其阃[5]域，又北览其面目，从不意中得之，可当五台桑榆之收矣。东行十里，为龙山大云寺，寺南面向山。又东十里，有大道往西北，直抵恒山之麓，遂折而从之，去山麓尚十里。望其山两峰亘峙，车骑接轸[6]，破壁而出，乃大同入倒马、紫荆大道也。循之抵山下，两崖壁立，一涧中流，透罅而入，逼仄如无所向，曲折上下，俱成窈窕，伊阙双峰，武彝九曲，俱不足以拟之也。时清流未泛，行即溯涧。不知何年两崖俱凿石坎、大四、五尺，深及丈，上下排列，想水溢时，插木为阁道者，今废已久，仅存二木悬架高处，犹栋梁之巨擘[7]也。三转，峡愈隘，崖愈高。西崖之半，层楼高悬，曲榭斜倚，望之如蜃吐重台者，悬空寺也。五台北壑亦有悬空寺，拟此未能具体。仰之神飞，鼓勇独登。入则楼阁高下，槛路屈曲。崖既矗削，为天下巨观，而寺之点缀，兼能尽胜。依岩结构，而不为岩石累者，仅此。而僧寮位置适序，凡客坐禅龛，明窗暖榻，寻丈之间，肃然中雅。既下，又行峡中者三四转，则洞门豁然，峦壑掩映，若别有一天者。又一里，涧东有门榜匾额三重，高列阜上，其下石级数百层承之，则北岳恒山庙之山门也。去庙尚十里，左右皆土山层叠，岳顶杳不可见。止门侧土人家，为明日登顶计。

【注释】

①魁：土堆。

②陨：同“颓”。

③藻绘：文采。

④阮：大土山。

⑤阃：内境。

⑥接轸：形容车马络绎不绝。

⑦巨擘：领先或首要之意。

【原文】

十一日　风翳净尽[1]，澄碧如洗。策杖登岳，面东而上，土冈浅阜，无攀跻劳。盖山自龙泉来，凡三重。惟龙泉一重峭削在内，而关以外反土脊平旷。五台一重虽崇峻，而骨石耸拔，俱在东底山一带出峪之处。其第三重自峡口入山而北，西极龙山之顶，东至恒岳之阳，亦皆藏锋敛锷[2]，一临北面，则峰峰陡削，悉现岩岩本色。一里，转北，山皆煤炭，不深凿即可得。又一里，则土石皆赤，有虬松离立，道旁亭曰望仙。又三里，则崖石渐起，松影筛阴，是名虎风口。于是石路萦回，始循崖乘峭而上。三里，有杰坊[3]曰“朔方第一山”，内则官廨厨井俱备。坊右东向拾级上，崖半为寝宫，宫北为飞石窟，相传真定府恒山从此飞去。再上，则北岳殿也。上负绝壁，下临宫廨，殿下云级插天，庑[4]门上下，穹碑[5]森立。从殿右上，有石窟倚而室之，曰会仙台。台中像群仙，环列无隙。余时欲跻危崖，登绝顶。还过岳殿东，望两崖断处，中垂草莽者千尺，为登顶间道，遂解衣攀蹑而登。二里，出危崖上，仰眺绝顶，犹杰然天半，而满山短树蒙密，槎枒[6]枯竹，但能钩衣刺领，攀践辄断折，用力虽勤，若堕洪涛，汩汩不能出。余益鼓勇上，久之棘尽，始登其顶。时日色澄丽，俯瞰山北，崩崖乱坠，杂树密翳。是山土山无树，石山则有。北向俱石，故树皆在北。浑源州城一方，即在山麓，北瞰隔山一重，苍茫无际。南惟龙泉，西惟五台，青青与此作伍。近则龙山西亘，支峰东连，若比肩连袂，下扼沙漠者。既而下西峰，寻前入峡危崖，俯瞰茫茫，不敢下。忽回首东顾，有一人飘摇于上，因复上其处问之，指东南松柏间。望而趋，乃上时寝宫后危崖顶。未几，果得径，南经松柏林。先从顶上望，松柏葱青，如蒜叶草茎，至此则合抱参天，虎风口之松柏，不啻[7]百倍之也。从崖隙直下，恰在寝宫之右，即飞石窟也，视余前上隘，中止隔崖一片耳。下山五里，由悬空寺危崖出。又十五里，至浑源州西关外。

【注释】

①风翳净尽：风平云散。翳：指云雾。

②藏锋敛锷：不露锋芒。

③杰坊：指高大颇有气势的牌坊。杰：高大貌。

④庑：堂四面的屋。

⑤穹碑：高大的石碑。

⑥槎枒：树木枝丫参差不齐的样子。

⑦不啻：不止。

浙游日记

【释题】

浙即今浙江省境，古亦简称“越”，徐霞客曾遍游余杭、临安、桐庐、金体、兰溪等地。

徐霞客游浙江的时间是1636年。他从家乡江阴出发，由锡邑（今无锡市）、姑苏、昆山、青浦至杭州，再取道余杭、临安，下桐庐、兰溪，游金华三洞……西行过衢州、常山，再进入江西省境。九月十九日出发，直至二十五日才入浙境，一路行程匆匆。十月初一登西湖北岸之宝石山，历飞来峰、灵隐寺、上天竺、中天竺、下天竺。

到余杭临安之间，游三九山与洞山，对其两山之间的黑崖白峡、无水枯涨之迹描绘细致，对其洗石如雪之状甚为惊异。一日之内并游山中干、水两洞，对发现其水洞幽境，颇为满意。

最为精彩处，即是金华三洞之游。

赴洞途中，先游芙蓉峰、斗鸡岩、金星峰，一路美景，目不暇接。

然后游朝真、冰壶、双龙三洞。

他总结三洞特征，“朝真似一隙天光为奇，冰壶以万斛珠玑为异，而双龙则外有二门，中悬重幄，水陆兼奇，幽明凑异者矣”。

除此之外，他还游讲堂洞、玲珑岩、思山祠、洞源寺。在此亦发现三洞：涌雪、白云、紫云。他推测赵相国所言“六洞灵山”即指此地，而对“金华三洞”一说亦可修正为“六洞”。

接着乘舟西进，过衢州、常山，竟游于常山十五里（今亦名十五里）。

【原文】

丙子（1636年）九月十九日 余久拟西游，迁延二载，老病将至，必难再迟。欲候黄石斋先生一晤，而石翁杳无音至。欲与仲昭兄把袂而别，而仲兄又不南来。昨晚趋晤仲昭兄于土渎庄。今日为出门计，适杜若叔至，饮至子夜，乘醉放舟。同行者为静闻师。

二十日 天未明，抵锡邑。比晓，先令人知会王孝先，自往看王受时，已他出。即过看王忠纫，忠纫留酌至午，而孝先至，已而受时亦归。余已醉，复同孝先酌于受时处。孝先以顾东曙家书附橐[①]中。时东曙为苍梧道，其乃郎伯昌所寄也。饮至深夜，乃入舟。

【注释】

①橐：口袋，时东曙为苍梧道，其乃郎伯昌所寄也。

【原文】

二十一日 人看孝先，复小酌。上午发舟，暮过虎丘，泊于半塘。

二十二日 早为仲昭市竹椅于半塘。午过看文文老乃郎，并买物阊门。晚过葑门，看含晖兄。一见辄涕泪交颐，不觉为之恻然。盖含晖遁迹吴门且十五年，余与仲昭屡访之。虽播迁之余，继以家荡子死，犹能风骚自遣。

而兹则大异于前，以其孙之剥削无已，而继之以逆也。因复同小酌余舟，为余作与诸楚玙书。诸为横州守。夜半乃别。

二十三日 复至阊门取染䌷[1]裱帖。上午发舟。七十里，晚至昆山。又十余里，出内村，下青洋江，绝江而渡，泊于江东之小桥渡侧。

【注释】

①䌷：绸。

【原文】

二十四日 五鼓行。二十里至绿葭浜，天始明。午过青浦。下午抵余山北，因与静闻登陆，取道山中之塔凹而南。先过一坏圃，则八年前中秋歌舞之地，所谓施子野之别墅也。是年，子野绣圃征歌甫就，眉公同余过访，极其妖艳。不三年，余同长卿过，复寻其胜，则人亡琴在，已有易主之感。而今则断榭零垣，三顿停顿而三改其观，沧桑之变如此。越塔凹，则寺已无门，惟大钟犹悬树间，而山南徐氏别墅亦已转属。因急趋眉公顽仙庐。眉公远望客至，先趋避；询知余，复出，挽手入林，饮至深夜。余欲别，眉公欲为余作一书寄鸡足二僧[1]。强为少留，遂不发舟。

【注释】

①二僧：一号弘辩，一号安仁。

【原文】

二十五日 清晨，眉公已为余作二僧书，且修以仪。复留早膳，为书王忠纫乃堂[1]寿诗二纸，又以红香米写经大士馈余。上午始行。盖前犹东迁之道，而至是为西行之始也。三里，过仁山。又西北三里，过天马山。又西三里，过横山。又西二里，过小昆山。又西三里，入泖湖，绝流而西，掠泖寺而过。寺在中流，重台杰阁，方浮屠五层，辉映层波，亦泽国之一胜也。西入庆安桥，十里为章练塘。又西十里为蒋家湾，已属嘉善。贪晚行，为听蟹群舟所惊，亟入丁家宅而泊[2]。

【注释】

①堂：母亲。

②在嘉善北三十六里，即尚书改亭公之故里。

【原文】

二十六日 过二荡，十五里为西塘，亦大镇也，天始明。西十里为下圩荡，又南过二荡，西五里为唐母村，始有桑。又西南十三里为王江泾，其市愈盛。直西二十余里，出澜溪之中。西南十里为前马头，又十里为师姑桥。又八里，日尚未薄崦嵫[1]，而计程去乌镇尚二十里，戒于萑苻，泊于十八里桥北之吴店村浜。

【注释】

①崦嵫：指太阳落山的地方。

【原文】

二十七日 平明行，二十里，抵乌镇，入叩程尚甫。尚甫方游虎埠，两郎出晤。捐橐中资，酬其昔年书价，遂行。西南十八里，连市。又十八里，寒山桥。又十八里，新市。又十五里，曹村，未晚而泊。

湖光江影

二十八日 南行二十五里，至唐栖，风甚利。五十里，入北新关。又七里，抵棕木场，甫过午。令僮子入杭城，往曹木上解元家，询黄石翁行旋，犹未北至。时木上亦往南雍，无从讯。因作书舟中，投其家，为返舟计。此后行踪修阻，无便鸿[①]也。晚过昭庆，复宿于舟。

【注释】

①鸿：即通信。

【原文】

二十九日 复作寄仲昭兄与陈木叔全公书，静闻往游净慈、吴山。是日复宿于舟。

三十日 早入城，市参寄归。午下舟，省行李之重者付归。余同静闻渡湖入涌金门，市铜炊、竹筒诸行具。晚从朝天门趋昭庆，浴而宿焉。是日复借湛融师银十两，以益游资。

十月初一日 晴爽殊甚，而西北风颇厉。余同静闻登宝石山巅。巨石堆架者为落星石。西峰突石尤屼嵲，南望湖光江影，北眺皋亭、德清诸山，东瞰杭城万灶，靡不历历。下山五里，过岳王坟。十里，至飞来峰，饭于市，即入峰下诸洞。大约其峰自枫木岭东来，屏列灵隐之前，至此峰尽骨露。石皆嵌空玲珑，骈列三洞。洞俱透漏穿错，不作深杳之状。昔黥于杨髡[1]之刊凿，今苦于游丐之喧污。而是时独诸丐寂然，山间石爽，毫无声闻之溷[2]，若山洗其骨，而天洗其容者。余遍历其下，复各扪其巅。洞顶灵石攒空，怪树搏影，跨坐其上，不减群玉山头也。下山涉涧，即为灵隐。有一老僧，拥衲默坐中台，仰受日精，久不一瞬。已入法轮殿，殿东新构罗汉殿，止得五百之半，其半尚待西构也。是日，独此寺丽妇两三群接踵而至，流香转艳，与老僧之坐日忘空，同一奇遇矣。为徘徊久之。下午，由包园西登枫树岭，下至上天竺，出中、下二天竺。复循下天竺后，西循后山，得"三生石"，不特骨态嶙峋，而肤色亦清润。度其处，正灵隐面屏之南麓也，自此东尽飞来，独擅灵秀矣。自下天竺五里，出毛家步渡湖，日色已落西山，抵昭庆昏黑矣。

【注释】

①髡：对和尚的鄙称。

②溷：混乱。

【原文】

初二日 上午自棕木场五里，出观音关。西十里，女儿桥。又十里，老人铺。又五里，仓前。又十里，宿于余杭之溪南。访何孝廉朴庵，先一日已入杭城矣。

初三日 自余杭南门桥得担夫，出西门，沿苕溪北岸行。十里，丁桥铺。又十里，渡马桥，则余杭、临安之界也。（其北可达径山。）又二里为青山，居市甚盛。溪山渐合，又有二尖峰[1]屏峙。十五里，山势复开。至十锦亭，一路从亭北西去者，于潜、徽州道也。从亭南西去者，即临安道也。从亭西南又一里，一石梁横跨溪上，曰长桥。越桥而南又一里，入临安东关。山西关[2]。外为吕家巷，阛阓[3]反差盛于城。又二里为皇潭，其阛阓与吕家巷同。其西路分南北，北者亦于潜之道，南者新城道也。已而复循山向西南行，又八里为高坎，始通排[4]。又三里，南入臬柳坞，复入山隘。五里为下圩桥。由桥南溯溪西上二里，为全张，一村皆张氏之房也。走分水者，以新岭为间道，以全张为迂道。余闻新岭路隘而无托宿，遂宿于全张之白玉庵。僧意，余杭人也。闻余好游，深夜篝灯瀹茗，为余谈其游日本事甚详。

【注释】

①二尖峰：一名紫薇，一名大山。

②山西关：土城很低，县廨颓隘。

③阛阓：指街市。

④排：简易木筏。

【原文】

初四日 鸡鸣作饭，昧爽西行。二里，过桥，折而南又六里，上干坞岭。其岭甚坦夷，盖于潜之山，西来过脉，东西皆崇山峻岭，独此峡中坳。过脊处止丈余，南北叠塍而下，皆成稻畦。北流至下圩桥，由青山入苕。南流至沙宕，由新城入浙。不意平陀遂分两水。其山过东，遂插天而起，曰五尖山。循其西麓，又五里过唐家桥，则新城北界也。白石崖山障其南。遂循水西南行五里，为华龙桥，有水自西坞来合。过桥，南越一小岭，二里至沙宕，前有一石梁跨涧，曰赵安桥，则入新城道也。由桥北西溯一涧，沿三九山北麓而入后叶坞。"三九"之名，以东则从赵安桥，南至朱村，北则从赵安桥，西南至白粉墙，南则从白粉墙东南至朱村，三面皆九里也。由后叶坞九里至白粉墙，为三九山北来之脊。其脊亦甚坦夷，东流者，由后叶出赵安桥；西流者，由李王桥合朱村，此"三九"所以名山，亦以水绕无余也。白粉墙之西二里，为罗村桥，有水自北来，有路亦岐而北，则新城道也。循水南行里许，为钵盂桥，有水西自龙门龛来。（龛有四仙传道岭，

三九山

在桥西四里，乃于潜境。）由桥北即转而东，里余复折而南。其地东为三九，西为洞山，环坞一区，东西皆石峰嶙峋，黑如点漆，丹枫黄杏，翠竹青松，间错如绣，水之透壁而下者，洗石如雪，今虽久旱无溜，而黑崖白峡，处处如悬匹练，心甚异之。二里，渡李王桥，遂至洞山之东麓。急置行李于吴氏先祠。令僮觅炊店，不得。有吴姓者二人至，一为余炊，一为赠烛游洞，余以鱼公书扇答之。（洞山者，自龙门龛南迤逦东来，其石棱锐纹叠。东南山半开二洞，正瞰桥下。）余遂同静闻西向蹑山。沿小涧而上，石皆峡蹲壑透，清流漱之，淙淙有声。涧两旁石片涌出田畦中，侧者成塍，突者成台，竹树透石而出，枝耸石上而不见其根，干压石巅而不见其窦。再上，忽一大石当涧而立，端方无倚，而纹细如波縠之旋风，最为灵异。再上，修竹中有新建睢阳庙，雪峰之龛在焉。庵后危壁倚空，叠屏耸翠，屏之南即明洞也。如轩斯启，其外五柱穿列，正如四明之分窗，（但四明石色劣下，不能若此列柱连卷也。）中有一柱，上不至檐，檐下亦垂一石，下不至柱，上下相对，所不接者不盈咫。柱旁有树高撑，至檐端辄逊而外曲，翠色拂岩而上，黑石得之益彰[1]。再南即为幽洞。二洞并启，中间石壁，色轻红若桃花。洞口高悬，内若桥门之覆空，得呼声辄传响不绝，盖其内空峒无底也。廿丈之内，忽一转而北，一转而南。北者为干洞，拾级而上，如登梯[2]蹑阁。三十丈后，又转而南，辟一小阁，颇觉幽异。南者为水洞，一转即仙田成畦，塍界层层，水满其中，不流不涸。人从塍上曲折而入，约廿丈，忽闻水声潺潺。透一小门而入，见一小溪自南来，至此破壑下坠，宛转无底，但闻其声。循溪而南，又过一峡。仍透小门而入，须从水中行，乃短衣去袜，溯水蹑流。又三十丈，中有（石，俱）倒垂若莲花，下卷若象鼻者，平沙隘门，忽束忽敞。（正如荆溪白鹤洞，而白鹤潜伏山麓，得水为易，此洞高辟山巅，兼水尤奇耳。）再入，则石洞既尽，汇水一方，水不甚深，又不知汇者何来，坠者何去也。及出洞，半日之间，已若隔世。下山，饭于吴祠。乃溯南来之溪，二里至太平桥。桥西为高氏，桥东为吴氏，亦李王桥之吴氏之派也，亦有先祠甚宏畅。时日色甚高，因担夫家近，欲归宿，托言马岭无宿店，遂止祠中。是日行仅三十五里，而所游二洞，以无意得之，岂不幸哉！是晚风吼云屯，达旦而止。

【注释】

①益彰：越加明显。

②㮰：即门槛。

【原文】

初五日 鸡再鸣，令僮起炊。炊熟而归宿之担夫至，长随夫王二已逃矣。饭后又转觅一夫，久之后行。南二里，上马岭，约里许达其巅。（岭以北属新城，水亦出新城。岭南则属于潜，县在其西北五十里，水由应渚埠出分水县。）下马岭，南二里为内楮[1]村坞，又一里为外楮村坞，从此而南，家家以楮为业。随山坞西南七里，过兑口桥，岐分南北，（北达于潜可四十里，）南抵应渚埠十八里。兑口之水，北自于潜，马岭之水东来，合而南去，路亦随之。八里，过板桥。桥下水自西坞来，与前水合，（溯水西走，路可达于潜及昌化。）又南五里，为保安坪。又一里，为玉涧桥，山始大开。又东二里，止于唐家拱。其地在应渚埠北二里，原无市肆，担夫以应埠之舟下桐庐者，必北曲而经此，遂止于溪畔。久之得桐庐舟。（盖应渚埠为于潜南界，溪之南即隶分水，于潜之水北经玉涧桥，昌化之水西自麻汊埠，俱会于应渚，而水势始大。顾五涧桥而上，已不胜舟，麻汊埠而上，小舟直抵昌化，于潜水固不敌昌化也。）时日已中，无肆觅米，欲觅之应埠，而舟不能待，遂趁之行。下舟东南行十里，为分水县。县在溪之西。分水原止一水东南去，其西虽山势豁达，惟陆路八十里达于淳安。余初欲从之行，为王奴遁去，不便于陆，仍就水道，反向东南行矣。去分水东南二十里为头铺。又十里为焦山，居市颇盛。已暮，不能买米，借舟人余米而炊。舟子顺流夜桨晚上行船，五十里，旧县，夜过半矣。

【注释】

①楮：构树。

【原文】

初六日 鸡再鸣，鼓舟，晓出浙江，已桐庐城下矣。令僮子起买米。仍附其舟，十五里至滩上。米舟百艘，皆泊而待剥，余舟遂停。亟索饭，饭毕得一舟，别附而去，时已上午。又二里过清私口，又三里，入七里笼。东北风甚利，偶假寐，已过严矶。四十里，乌石关。又十里，止于（严州府）东关之逆旅。

初七日 雾漫不辨咫尺，舟人饭而后行，上午复霁。

七十里至香头[①]已暮。张叶诸姓，簪缨颇盛。月明风利，二十里，泊于兰溪。

【注释】

①香头：山北的一个大村落也。

【原文】

初八日 早登浮桥，桥内外诸舡[①]鳞次，以勤王师自衢将至，封桥聚舟，不听不允许上下也。遂以行囊令顾仆守之南门旅肆中，余与静闻俱为金华三洞游。盖金华之山，横峙东西，郡城在其阳，浦江在其北，西垂尽处，则为兰溪，东则义乌也。婺水东南从永康经郡之南门，而西北抵兰溪，与衢江合。余初欲陆行，见溪中有舟溯流而东，遂附之。水流沙岸中，四山俱远，丹枫疏密，斗锦裁霞，映叠尤异。然北山突兀天表，若负扆然，而背之东南行。问："三洞何在？"则曰："在北。"问："郡城何在？"则曰："在南。"始悟三洞不必至郡，若陆行半日，便可从中道而入，而时已从舟无及矣。四十五里至小溪，已暮，月色如洗。又十五里登陆，投宿下马头之旅肆，以深夜闭门不纳。遇一王姓者，号敬川，高桥埠人。将乘月归，见客无投宿处，因引至（金华）西门外，同宿于逆旅。

【注释】

①舡：船。

【原文】

初九日 早起，天色如洗，与王敬川同人兰溪西门，

天色如洗

即过县前。县前如水，盖县君初物故[1]也。为歙人项人龙，辛未进士，五日之内，与父与子三人俱死于痢。又东上苏坊岭，岭颇平，阛阓夹之。东下为四牌坊，自苏坊至此，街肆颇盛，南去即郡治矣。与王敬川同入歙人面肆，面甚佳，因一人兼两人馔。

仍出西门，即循城西北行，王犹依依，久之乃别。遂有冈陇高下，十里至罗店。问三洞何在，则曰西。见尖峰前倚，则在东。因执土人详询之，曰："北山之半为鹿田寺。其东下之脉，南峙为芙蓉峰，即尖峰也，为郡龙之所由。萃其西下之脉，南结为三洞，三洞之西即兰溪界矣。"时欲由三洞返兰溪，恐东有余胜，遂望芙蓉而趋。

自罗店东北五里，得智者寺。寺在芙蓉峰之西，乃北山南麓之首刹也，今已凋落。而殿中犹有一碑，乃宋陆务观为智者大师重建兹寺所撰，而字即其手书。碑阴又镌务观与智者手牍数篇。碑楷牍行，俱有风致，（恨无拓工，不能得一通为快。）寺东又有芙蓉庵，有路可登芙蓉峰。余以峰虽尖圆，高不及北山之半，遂舍之。仍由智者寺西北登岭，升陟峰坞，五里得清景庵。庵僧道修留饭，复引余由北坞登杨家山。山为此山南下之第二层，再下则芙蓉为第三层矣。绕其西，从两山[②]夹中北透而上，约共七里，则北山上倚于后，杨家山排列于前，中开平坞，巨石铺突，有因累级为台者，种竹列舍，为朱开府之山庄也。其东北石累累愈多，大者如狮象，小者如鹿豕，俱蹲伏平莽中，是为石浪，即初平叱石成羊处[③]，岂今复化为石耶？石上即为鹿田寺，寺以玉女驱鹿耕田得名。殿前有石形似者名驯鹿石。此寺其来已久，后为诸宦所蚕食，而郡公张朝瑞创殿存羊，屠赤水有《游纪》刻其间。余至，已下午，问斗鸡岩在其东，即同静闻二里东过山桥。山桥东下一里，两峰横夹，涧出其中，峰石皆片片排空赴涧，形若鸡冠怒起，溪流奔跃其下，亦一胜矣。由岩东下数里，为赤松宫，乃郡城东门所入之道，盖芙蓉峰之东坑也。

斗鸡岩上有樵者赵姓居之，指北山之巅有棋盘石，石后有西玉壶水从石下注，旱时取以为雩祝[④]，极著灵验。时日已下舂，与静闻亟从蓁莽中攀援而上。上久之，忽闻呼声，盖赵樵见余误而西，复指东从积莽中行。约直蹑者二里，始至石畔。石前有平台，后耸叠块，中列室一楹，塑仙像于中，即此山之主。像后石室下有水一盆，盖即雩祝之水也。然其上尚有涧，泠泠从山顶而下。时日已欲堕，因溯流再跻，则石峡如门，水从中出，门上更得平壑，则所称西玉壶矣。闻其东尚有东玉壶，皆山头出水之壑。西玉壶之水，南下者由棋盘石而潜溢于三洞，北下者从里水源而出兰溪之北。东玉壶之水，南下者由赤松宫而出金华，东下者出义乌，北下者出浦江，盖亦一郡分流之脊云。玉壶昔又名盘泉，分耸于上者，今又称为三望尖，文之者为金星峰，总之所谓北山也。甫至峰头，适当落日沉渊，其下恰有水光一片，承之滉漾不定，想即衢江西来一曲，正当其处也。夕阳已坠，皓魄继辉，万籁尽收，一碧如洗，真是濯骨玉壶，觉我两人形影俱异，回念下界碌碌，谁复知此清光？即有登楼舒啸[5]，酾[6]酒临江，其视余辈独蹑万山之颠，径穷路绝，迥然尘界之表，不啻霄壤矣。虽山精怪兽群而狎[7]我，亦不足为惧，而况寂然不动，与太虚[8]同游也耶！

徘徊久之，仍下二里，至盘石。又从莽棘中下二里，至斗鸡岩。赵樵闻声，启户而出，亦以为居山以来所未有也。复西上一里至山桥，又西二里至鹿田寺。僧瑞峰、从闻以余辈久不至，方分路遥呼，声震山谷。入寺，浴而就卧。

【注释】

①物故：即死亡。为歙人项人龙，辛未进士，五日之内，与父与子三人俱死于痢。

②两山：东为杨家山，有居民数十家。西为白望山，为仙人望白鹿处。

③叱石成羊处：相传有董初平见白石乃叱喊“羊起”，白石遂变成羊群。

④雩祝：求雨。

⑤舒啸：大声吼叫。

⑥𠚥：斟。

⑦狎：戏弄，威胁。

⑧太虚：太空，高天。

【原文】

初十日 鸡鸣起饭，天色已曙。瑞峰为余束炬数枚，与从闻分肩以从，从朱庄后西行一里，北而登岭。岭甚峻，约一里，有石耸突峰头。由石畔循北山而东，可达玉壶。由石畔逾峰而北，即朝真洞矣。洞门在高峰之上，西

壑中居舍

向穹然，下临深壑，壑中居舍环聚，恍疑避秦[1]，不知从何而入。询之，即双龙洞外居人也。

盖北山自玉壶西来，中支至此而尽，后复生一支，西走兰溪。后支之层分而南者，一环而为龙洞坞，再环而为讲堂坞，三环而为玲珑岩坞，而金华之界，于是乎尽。玲珑岩之西，又环而为钮坑，则兰溪之东界矣。再环而为白坑，三环而为水源洞，而崇崖巨壑，亦于是乎尽。后支层绕中支，中支西尽，颓然下坠：一坠而朝真辟焉，其洞高峙而底燥。再坠而冰壶洼焉，其洞深奥而水中悬。三坠而双龙窍焉，其洞变幻而水平流。所谓三洞也，洞门俱西向，层累而下，各去里许，而山势崭绝，俯瞰仰观，各不相见，而洞中之水，实层注焉。中支既尽，南下之脉复再起而为白望山，东与杨家山骈列于北山之前，而为鹿田门户者也。

朝真洞门轩豁，内洞稍洼而下。秉烛深入，左有一穴如夹室，宛转从之，夹穷而有水滴沥，然隙底仍燥，不知水从何去也。出夹室，直穷洞底，则巨石高下，仰眺愈穹，俯瞰愈深。从石隙攀跻下坠，复得巨夹，忽有光一缕自天而下。盖洞顶高盘千丈，石隙一规，下逗天光，宛如半月，幽暗中得之，不啻明珠宝炬矣。既出内洞，其左复有两洞，下洞所入无几，上洞宛转亦如夹室，右有悬窍，下窥无底，想即内洞之深坠处也。

出洞，仍从突石峰头南下，里许，折而西北，又里许，得冰壶洞，盖朝真下坠之次重矣。洞门仰如张吻，先投杖垂炬而下，滚滚不见其底。乃攀隙倚空入其咽喉，忽闻水声轰轰。愈秉炬从之，则洞之中央，一瀑从空下坠，（冰花玉屑，从黑暗处耀成洁采。）水坠石中，复不知从何流去。复秉炬四穷，其深陷逾于朝真，而屈曲不及也。

出洞，直下里许，得双龙洞。洞辟两门，一南向，一西向，俱为外洞。轩旷宏爽，如广厦高穹，阊阖四启，非复曲房夹室之观。而石筋夭矫美丽，石乳下垂，作种种奇形异状，此“双龙”之名所由起。中有两碑最古，一立者，镌“双龙洞”三字，一仆倒状者，镌“冰壶洞”三字，俱用燥笔作飞白[2]之形，而不著姓名，必非近代物也。流水自洞后穿内门西出，经外洞而去。俯视其所出处，低覆仅余尺五，正如洞庭左衽之墟，须帖地而入，第彼下以土，此下以水为异耳。瑞峰为余借浴盆于潘姥[3]家。姥饷以茶果。乃解衣置盆中，赤身伏水推盆而进隘。隘五六丈，辄穹然高广，一石板平庋[4]洞中，离地数尺，大数十丈，薄仅数寸。其左则石乳下垂，色润形幻，若琼柱宝幢，横列洞中。其下分门剖隙，宛转玲珑。溯水再进，水窦愈伏，无可容入矣。窦侧石畔一窍如注，孔大仅容指，水从中出，以口承之，甘冷殊异，约内洞之深广更甚于外洞也。要之[5]，朝真以一隙天光为奇，冰壶以万斛珠玑为异，而双龙则外有二门，中悬重幄，水陆兼奇，幽明凑异者矣。

出洞，日色已中，潘姥为炊煮黄粱以待。感其意而餐之，报之以杭伞一把。乃别二僧，西逾一岭。岭西复成一坞，由坞北入，仍转而东，去双龙约五里矣。又上山半里而得讲堂洞焉。其洞亦有二门，一西北向，一西南向，轩爽高洁，亢出双龙洞之上，幽无双龙洞之黯，真可居可憩之地。昔为刘教标挥麈[6]处，今则塑白衣大士于中。盖即北山后支南下第一岭，其阳回环三洞，而阴又辟成此洞也。岭下坞中，居民以烧石为业，其涧涸而无底流，居人俱登山汲水于讲堂之上。渡涧，复西逾第二岭，则北山后支南下之第二层也。下岭，其坞甚逼，然涧中有流淙淙北来。又渡而西，再循岭北上，磴辟流涌，则北山后支南下之第三层也。外隘而中转，是名玲珑岩，去讲堂又约六里矣。坞中居室鳞次，自成洞壑，晋人桃源不是过⑦。转而西，逾其岭，则兰溪界也。下岭为钮坑，亦有居人数十家。又逾一岭曰思山祠，则北山后支南下之第四层也，去玲珑岩西又约六里矣。时日已将坠，问洞源寺路，或曰十里，或曰五里。亟下岭，循涧南趋五里，暮至白坑。居人颇多，亦俱烧石。又西逾石塔岭，则北山后支南下之第五层也。洞源寺即在岭后高峰之北，从此岭穿径而上仅里许，而其正路在山前洞之旁。盖此地亦有三洞，下为水源洞，上为上洞。中为紫云洞，而其地总以"水源"名，故一寺而或名水源，或名上洞。而寺与水源洞异地，由岭上径道抵寺，故前曰五里。由水源洞下岭复上，故前曰十数里。时昏黑不辨山路，无可询问，竟循大路下山。已见一径西岐而下，强强迫静闻从之。久而不得寺，只见石窑满前，径路纷错。正徬徨间，望见一灯隐隐，亟投之，则水舂也。其人曰："此地即水源，由此坞北过洪桥，循右岭而上，可三里即上洞寺矣。"以深夜难行，欲止宿其中。其人曰："月色如昼，至此山径亦无他岐，不妨行也。"始悟上洞寺在北山第五层之阴。乃溯溪西北至洪桥，自白坑来约四里矣。渡桥北，蹑岭而上里余，转而东又里余，始得寺，强投宿焉。始闻僧有言灵洞者，因忆赵相国有"六洞灵山"诸刻，岂即是耶？竟未悉知晓而卧。

【注释】

①避秦：桃花源中的人为避秦祸至桃花源隐居，过着

与世隔绝的生活。

②飞白：即书法中之飞白体，笔画枯槁而中多空白。

③姥：老妇人。

④度：置放。

⑤要之：即对以上描述之景进行总结、提要。

⑥麈：拂尘。

⑦晋人桃源不是过：晋人所说的桃花源也不能超过此。

【原文】

十一日　平明起，僧已出。余过前殿，读黄贞父碑，始知所称“六洞”者，以金华之“三洞”与此中之“三洞”，总而得六也。出殿，则赵相国之祠正当其前，有崇楼杰阁，集、记中所称灵洞山房者是也。余艳之久矣，今竟以不意得之，山果灵于作合人工造作耶！乃不待晨餐，与静闻从寺后蹑磴北上，先寻白云洞。

一里，至岭头，逾岭而北，岭凹忽盘旋下洼如盂磬。披莽从之，一洞岈然，下坠深黑。忽有樵者过顶上，仰而问之，曰：“白云尚在此，此洞窗也。”乃复上，北行。两山夹中又回环而成一洼，大且百丈，深数十丈，螺旋而下，而中竟无水。（倘置水其中，即仙游鲤湖矣。）然既无水，余所见山顶四环而无隙泻者，仅此也，又下，从岐左西转山夹，则白云洞在焉。洞门北向，门顶一石横裂成梁，架于其前，从洞仰视，宛然鹊桥之横空也。入洞，转而左，渐下渐黑，有门穹然，内若甚深，外有石屏遥峙。从黑暗中以杖探地而入数十步，洞愈宽广，第[1]无灯炬，四顾无所见，乃返步而出。出至穹门之内，初入黑甚者，至此光定，已历历可睹。乃复转屏出洞，逾岭而还。饭而出寺，仍旧路西下，二里至洪桥。未渡，复从桥左人居后半里上紫云洞。洞门西向，洞既高亢，上下平整。中有垂柱四五枚，分门列户，界为内外两重。（琼窗翠幄，处处皆是，亦敞亦奥，肤色俱胜。）洞之北隅复通一奥，宛转深入，以无炬而返。下渡洪桥，循涧而东，山石半削，髡[②]为危壁。其下石窑柴积，纵横塞路，即夜来无问津处也。渡石梁，水源洞即在其侧。洞门南向，正跨涧上。洞口垂石缤纷，中有一柱，自下属上，若擎之而起。（其上嵌空纷纶，复辟一窦，幻作海蜃状。）洞内上下分二层。下层即水涧所从出，涧水已涸，出洞数步，即有水溢于涧中，盖为水碓[③]引出洞侧也。上层由洞门蹑蹬而上，渐入渐下，既下而空广愈觉无极，闻水声甚远，以无炬不及穷。

出坐洞口（擎柱内，观石态古幻。）念两日之间，于金华得四洞，于兰溪又得四洞，昔以六洞凑灵，余且以八洞尽胜，安得不就此一为殿最[④]！双龙第一，水源第二，讲堂第三，紫霞第四，朝真第五，冰壶第六，白云第七，洞窗第八，此由金华八洞而等第之。若夫新城之墟，聿[⑤]有洞山，两洞齐启，左明右暗，明览云霞，暗分水陆，其中仙田每每，塍[⑥]叠波平，琼户重重，隘分窦转，以斯洞之有余，补洞窗之不足，法彼入此，当在双龙、水源之间，非他洞之所得侔[⑦]也。品第久之，始与静闻别洞源而去。过夜来问津之春，循西岭出坞，西南行十五里，而达于兰溪之南关。

入旅肆，顾仆犹未饭，亟饭而觅舟。时因援师之北，方籍舟以待，而师久不至。忽有一舟自北来，亟附之，乃布舟也。其意犹未行，而籍舟者复至，乃刺舟五里，泊于横山头。

【注释】

①第：但是。

②髡：剃削。

③碓：石臼。

④一为殿最：分高下排名次。

⑤聿：助词，无实意。

⑥塍：田埂。

⑦侔：相等。

【原文】

十二日　平明发舟。二十里，溪之南为青草坑。时日已中，水涸舟重，咫尺不前。又十五里，至裘家堰，舟人觅剥舟[1]同泊焉。是夜微雨，东风颇厉。

平明发舟

十三日　天明，云气复开。舟人起布一舱付剥舟，风已转利。二十里至胡镇，又二十里于龙游，日才下午。候换剥舟，遂泊。

【注释】

①剥舟：卸货船。

【原文】

十四日　天明，诸附舟者，以舟行迟滞，俱索舟价登陆去，舟轻且宽，虽迟，不以为恨也。早雾既收，远山四辟，但风稍转逆，不能驱帆上碛耳。四十五里，安仁。又十里，泊于杨村。是日共行五十五里，追及先行舟同泊，始知迟者不独此舟也。江清月皎，水天一空，觉此时万虑俱净，一身与村树人烟俱熔，彻成水晶一块，直是肤里无间，渣滓不留，满前皆飞跃也。

十五日　昧爽[①]，连上二滩。援师既撤，货舟涌下，而沙港涩隘，上下捱挤，前苦舟少，兹苦舟多。行路之难如此！十里，过漳树潭，至鸡鸣山。轻帆溯流，十五里至衢州，将及午矣。过浮桥，又南三里，遂西入常山溪口。风正帆悬，又二里，过花椒山，两岸橘绿枫丹，令人应接不暇。又十里，转而北行。又五里，为黄埠街。橘奴千树，筐篚满家，市橘之舟鳞次河下。余甫登买橘，舟贪风利，复挂帆而西。五里，日没。乘月十里，泊于沟溪滩之上。

十六日　旭日鲜朗，东风愈急。晨起，过焦堰，山回溪转，已在常山境上。盖西安多橘，常山多山。西安草木明艳，常山则山树黯然矣。溯流四十五里，过午抵常山，风帆之力也。登岸觅夫于东门。径城里许，出西门。十里，辛家铺，山径萧条，无一民舍。又五里，得荒舍数家，日已西沉，恐前无宿处，遂止其间。

【注释】

①昧爽：黎明。

江右游日记

【释题】

长江在芜湖、南京间作西南南、东北北流向，故自此以下的长江南岸地区称江东。我国古代习惯从北往南看，则东在左，西在右。江西省在江右，故江右即指今江西省。

徐霞客由浙江常山入江西，大致游程是玉山——上饶——弋阳——贵溪——金溪——建昌（今南城）——新城（今黎川）——南丰，回到建昌游麻姑山然后西游至宜黄——永丰——吉水抵吉安，游西园，西进至永新，北行游武功山，西入湖南。

此记重点描绘的有以下几处：

弋阳的龟岩。此山奇峰甚多，山势连绵，老人、罗汉、净瓶、观音诸峰无不高峻挺拔，最奇为龟峰、双剑峰。此山一共有32峰，皆峭不可攀，而中峰巨石形如龟，故叫龟峰，至今也是旅游胜地。其余诸峰，作者于记中多一一记叙，各显奇妙之处。

贵溪之象山胜景。此地有宋理学家陆象山（九渊）之遗迹，故此地人文景观也可堪一书。此山五面峰之一线天为最佳处。另有小隐岩、朝真宫等胜景，其间飞瀑石桥，空山修林，极幽极美。

建昌麻姑山。麻姑山以水称奇，以水为胜，其瀑布有五级之多，而每一级各显其奇。建昌还有飞鳌峰，其中风物、自然景观也颇使人流连。

吉安永新之梅田洞山，该山山麓有洞穴数个，其洞中结构层叠错落，洞中有洞，其形万状。徐霞客游此洞，曲尽其妙，此山有洞四个，徐尽游之。

本书选取了其中较为精彩的龟岩、象山、梅田洞三处游记。

游龟山日记

【原文】

复循外岭东行，南转二里，直披寨顶之后，是为棋盘石。一大石穹立谷中，上平如砥，镌其四旁，可踞可憩。想其地昔有考槃，今成关莽，未必神仙之遗也。其西南为朝帽峰，西北为寨顶，盖即围屏峰之后也。其外峰一支，自朝帽峰下复环而北，又成一谷，但其山俱参差环立，不复如内二支俱石骨削成者矣。此东外谷之第二层也。

寨顶、朝帽之间，峰脊度处，一石南向而立，高数十丈，孤悬峰头，俨若翁仲，或称为接引峰，或称为石人峰。从棋盘石望之不觉神飞，疑从此可跻绝顶，遂披棘直穷岭下，则悬崖削石，无可攀跻也。仍从旧路至狮峰，过香盒峰，登灵芝峰，望天柱、狗儿二峰，直立北谷中。盖展旗与其北一峰又环成一谷，此北外谷也。

既而从展旗之西南，直东上其巅。东南眺朝帽峰之东，又分立一石，亦如接引，而接引则隐不可见。南眺叠龟、双剑，俱若一壁回环，无复寸隙也。下峰，从夹栈西山，循潭外南行，出双鳌、明星、含龟之后，东视

龟山

三峰，其背俱垂土可上。舍而更南，东入即水帘之径，逾叠龟、双剑，即下振衣谷中之道也。更舍而南，见有道东上，知为寨顶无疑矣。贾勇而登，二里，西视叠龟、双剑（已在足下，始知已出水帘上。下视谷中，三面回环如玦[1]，惟北面正对龟峰、双剑，）其西有隙可通，然掩映不见所从。此南外谷之第一层也。

循崖端再上，已而舍左从右，则见东南冈上，乱石涌起，有若双芝骈立，盘大茎小，下复并蒂，中有穿孔，其上飞舞成形，应接不暇。又上一里，既登一顶，复舍右从左，穿石隙而上，转而东南行，其顶更穹然也。其北复另起一顶，两顶夹而成峡，东南始于过脊，西北溢于水帘，山遂剖为两界，而过脊之度其东南者，一石如梁，横两顶之间，梁尽而轰崖削起，决无登理。踞脊上回瞰南谷，崩陨直下，不见其底，但见东西对崖，悬岚倒翠，不知从何而入。此南外谷之第二层也。

久之，觅路欲返，忽见峡北之顶，有石如凿级自峡中直上者，因详视峡南石上，亦复有级如之，始知其路不从脊而从峡也。盖其寨为昔人盘踞之处，故梯险凿空，今路为草没，而石迹未泐[2]。遂循级北下峡中，复自峡攀级北上，一里，复东登再高处，极其东南，则恍与接引比肩，朝帽觌[3]面矣。惟朝帽东离立之石，自隐不见，而朝帽则四面孤悬，必无可登。而接引之界于其中者，已立悬脊之上，两旁俱轰石错块，不特不仅仅是下不能上，即上亦不能下。其北下之谷即棋盘，其南下之谷即朝帽南来之脉所环而成者，亦不知其从何而入。此南外谷之第三层也。

（独西无外谷。乃绝顶之北，东分为围屏、城垛，西分为鹦口；然其异，下仰则穹然见奇，上瞰反窅[④]绝难尽也。）时日色已暮，从绝顶四里下山。东向入至双剑、叠龟之下，见有路可入水帘洞，第昏黑莫辨，亟逾岭入方丈焉。

二十二日　晨起，为贯心书《五缘诗》及《龟峰》五言二首、《赠别》七言一首。晨餐后，复逾振衣台，上至叠龟峰之下，再穿一线而东，复北过四声谷。盖四声谷之壁，有一隙东南向，内皆大石叠架，若累级悬梯，便成楼阁，可通西北。而出其西北为摩尼洞，正下临方丈，平挹观音、净瓶、狮子诸峰。遂下岭，西南循外谷入水帘洞。其处三面环崖，回亘自天，而北与龟、剑二峰为对，泉从崖东飘坠，飞珠卷雪，为此中绝胜。（盖龟峰峦嶂之奇，雁宕所无，但诎屈曲水观耳。此谷独飞珠卷雪，在深谷尤异。但其洞虽与泉对，而洼伏崖末为恨。顾其危崖四合，已可名洞，不必以一窟标举也。时朔风舞泉，游漾乘空，声影俱异。霁色忽开，日采丽崖光水，）徘徊不能去离开。久之，再饭于寺，别贯心行。

仍从崖栈西出，十里，排前。五里，过状元桥北之分路亭，其南路乃由桥而至黄源窑者，从其西行十五里至留口，暮涉其溪。溪西即为贵溪界，其溪自黄源来，至此入大溪，而市肆俱在溪西，乃投宿焉。自排前至留口，回望龟峰，只见朝帽峰俨若一羊角插天，此西向之望也，与弋阳东面之望不殊纤毫，第此处转见一石人亭亭在旁更为异耳。

【注释】

①玦：环形古玉器，一面有开口。

②沕：裂开。

③觌：相见。

④窅：深远。

游象山日记

【原文】

二十三日　晨起，渡大溪之北，复西向行，八里，将至贵溪城，忽见溪南一桥门架空，以为城门与卷梁皆无此高跨之理。执途人而问之，知为仙人桥，乃石架两山间，非砖砌所成也。大异之，即欲渡，无梁。亟趋二里，入贵溪东关二里至玉井头，觅静闻于逆旅，犹未晨餐也。亟索饭，同出西南门，渡溪而南即建昌道矣。为定车一辆，期明晨早发，即东向欲赴仙桥。逆旅主人舒龙山曰："此中南山之胜非一。由正南门而过中坊渡一里，即为象山，又名挂榜山，乃陆象山[①]之遗迹也，仰止亭在焉。其西南二里为五面峰，上有佛宇，峰下有一线天，亦此中之最胜也。其南一里为西华山，则环亘而上，俱仙庐之所托矣。其北二里为小隐岩，即旧名打虎岩者也。出小隐二里为仙桥，乃悬空架壑而成者。此溪南诸胜之概也。然五面峰之西，即有溪自南而北入大溪，此中无渡舟，必仍北渡而再渡中坊。"予时已勃勃兴趣勃勃，兴不可转，遂令龙山归而问道于路隅。于是南经张真人墓。碑乃元时敕赵松雪撰而书者，刳[②]山为壁，环碑于中。又一里，越一小桥，由旁岐东向溪，溪流直逼五面峰下。盖此

徐霞客游记

溪发源于江湖山，自花桥而下即通舟楫船只，六十里，西北至罗塘，又二十里至此，人溪为通闽间道，其所北转皆纸炭之类也。适有两舟舣[3]溪畔，而无舟人。旋有一人至，呼之渡，辄为刺舟用力划船。过溪而东一里，由峰西北入其隘中，始知其山皆石崖盘峙，中剖而开，并夹而起，远近不一，离立同形。随路抵穹岩之下，拾级而上，得一台，缀两崖如掌。其南下之级，直垂涧底。其西上之级，直绕山巅。余意南下者为一线天，西上者为五面峰也。先跻峰，攀磴里许而至绝顶，则南瞰西华，东瞰夹壁，西瞰南溪，北瞰城邑，皆在指顾。然山雨忽来，僧人留点，踉跄下山。复从前磴南下一线天，则两崖并夹而上，直南即从峰顶下剖者，是为直峡。路至夹中忽转而东，穿坠石之隙，复得横峡。俱上下壁立，曲直线分，抵东而复出一坞，若非复人世矣。由坞而南，望两崖穹岩盘窦，往往到处而是。最南抵西华，以已从五面峰瞰视，遂不复登。

仍转出一线天，北逾一岭，二里，转而东，入小隐岩。岩亦一山东西环转，南连北豁，皆上穹下逊，裂成平窍，（可庐而憩。）岩后有宋人洪驹父书云："宣和某年由徐岩而上，二里，复得射虎岩。"余忆徐岩之名，前由弋阳舟中已知其为余家物，而至此忽忘不及觉，壁间书若为提撕提醒者，亟出岩询之，无一能知其处。已而再闻有称峨嵋，在小隐东南三里者，余意其为徐岩之更名也，亟从之。遂由罗塘之大道，过一岭，始北转入山，竹树深蒨[4]，岩石高穹。但为释人[5]架屋叠墙，无复本来面目，且知其非徐岩也。甫欲下，雨复大至，时已过午，遂饭岩中。既饭，雨止。问仙桥之道，适有一知者曰：“此有间道。循山而东，穿坞北去，四里可至。”从之。路甚荒僻，或隐或现，或岐而东西无定，几成迷津。久之逾一山，忽见蛩[6]然高驾者，甚近也。及下谷而趋，复茫不可得，盖望之虽近，而隔崖分坞，转盼易向，猝不易遇矣。既而直抵其下，盖一石高跨峰凹，上环如卷，中辟成门，两端石盘下柱，梁面平整如台，正如砌造而成。梁之东，可循崖而登其上。梁之西，有一石相去三丈余，轰踞其旁，若人之坐守者然。余先至桥下，仰视其顶，高穹圆整不啻数十丈。及登步其上，修广平直，驾虹役鹊之巧，恐不迨[7]至此也。从其西二里，将抵象山，问所云徐岩，终不可得。后遇一老翁曰：“余舍后南入即是。旧名徐岩，今为朝真宫，乃鬼谷修道处，今荒没矣。非明晨不可觅，今已暮，姑过而问象山可也。”余以明晨将发，遂强静闻南望一山峡而入。始犹有路，渐入渐灭，两崖甚深。不顾莽刺，直穷其底，则石夹尽处，隘不容足。时渐昏黑，踯躅荆刺中，出谷已不辨路矣，盖此乃象山东之第三坞也。望其西又有一坞，入之不得路。时闻人声高呼，既久，知路在西，乃得入。则谷左高崖盘亘，一入即有深岩，外垂飞瀑。二僧俱新至托宿，问之，亦不知其为徐岩与否，当即所称朝真宫矣。此乃象山东之第二层也。从暗中出，复西而南寻象山，其地虽暗而路可循，两崖前突，中坞不深而峻，当其中有坊峙焉。其内有堂两重，祠位在前而室圮，后则未圮而中空。穿而入，闻崖间人语声，亟蹑级寻之，有户依岩窦间，一人持火出，乃守祠杨姓者，引余从崖右登仰止亭。亭高悬崖际，嵌空环映，仰高峰而俯幽壑，令人徙倚留连忘返。杨姓者以昏黑既久，街鼓已动，恐舟渡无人，暗中扶即陪伴余二里，送至中坊渡头。为余言，其父年已八十有八，尚健啖[8]而善饭，盖孝而有礼者云。呼隔溪渡舟，渡入南关，里余，抵舒肆而宿。

是游也，从壁间而得徐岩之名，从昏黑而遍三谷之迹，溪南诸胜一览无余，而仙桥、一线二奇，又可以冠生平者，不独为此中之最也。

【注释】

①陆象山：宋代著名理学家陆九渊。

②刳：剖开。

③舣：停靠。

④蒨：草盛之状。

⑤释人：佛教徒，僧尼。

⑥蛩：通“拱”。

⑦迨：及。

⑧啖：吃。

游梅田洞日记

【原文】

二十九日　昧爽行。二十里，桥面上旧有桥跨溪南北，今已圮，惟乱石堆截溪流。又五里为还古。望溪南大山横亘，下有二小峰拔地兀立，心觉其奇。问之，舟人曰：“高山名义山，土人所谓上天梁也，虽大而无奇。小峰曰梅田洞，洞即在山之麓。”余夙慕梅田之胜，亟索饭登涯，令舟子随舟候于永新。余用静闻由还古南行五里，至梅田山下，则峰皆丛石耸叠，（无纤土蒙翳其间，真亭亭出水莲也。）山麓有龙姓者居之。东向者三洞，北向者一洞，惟东北一角山石完好，而东南洞尽处与西北诸面，俱为烧灰者。铁削火淬，玲珑之质，十去其七矣。

东向第一洞，在穹崖下，洞左一突石障其侧。由洞门入，穹然而高，十数丈后，洞顶忽盘空而起，四围俱削壁下垂，如悬帛万丈，牵绡回幄[①]，从天而下者。其上复嘘窦嵌空[②]，结蜃成阁，中有一窍直透山顶，天光直落洞底，日影斜射上层，仰而望之，若有仙灵游戏其上者，恨无十丈梯，凌空置身其间也。由此北入，左右俱有旋螺之室，透瓣之门，伏兽垂幢，不可枚举。而正洞垂门五重，第三重有柱中擎，剖门为二：正门在左，直透洞光。旁门在右，暗中由别窦入，至第四门之内而合。再入至第五门，约已半里，而洞门穹直，光犹遥射。至此路忽转左，再入一门，黑暗一无所睹，但觉空洞之声，比明处更宏远耳。欲出索炬再入，既还步，所睹比入时更显，垂乳列柱，种种满前，应接不暇，不自觉其足之不前也。洞之南不十步，又得一洞，亦直北而入，最后亦转而左，即昏黑不可辨，较之第一洞，正具体而微，然洞中瑰异宏丽之状，十不及一二也。既出，见洞之右壁，一隙岈然若门。侧身而入，其门高五六尺，而阔仅尺五，上下二旁，方正如从绳挈矩[③]而槛桔[④]之形，宛然斫削而成者。其内石色亦与外洞殊异，圆窦如月，侧隙如圭，玲珑曲折，止可蛇游猿倒而入。有风蓬蓬然从圆窦出，而忽昏黑一无所见，乃蛇退而返。出洞而南，不十步，再得第三洞，则穹然两门，一东向，一南向，名合掌洞。中亦穹然明朗。初直北入，既而转右。转处有石柱洁白如削玉，上垂而为宝盖，绡围珠络，形甚瑰异。从此东折，渐昏黑，两旁壁亦渐狭，而其上甚高，亦以无火故，不能烛其上层，而下则狭者复渐低，不能容身而出。自是而南，凌空飞云之石，俱受大斧烈焰之剥肤矣。

仍从山下转而北，见其耸峭之胜，而四顾俱无径路。仍过东北龙氏居，折而西，遇一人引入后洞。是洞在山之北，甫入洞，亦有一洞窍上透山顶，其内直南入，亦高穹明敞。当洞之中，一石柱斜骞于内，作曲折之状，曰石树。其下有石棋盘，上有数圆子如未收者，俗谓“棋残子未收”。后更有平突如牛心、如马肺者，有下昂首而上、上垂乳而下者，欲接而又不接者。其内西转，云可通前洞而出，以黑暗无灯，且无导者，姑出洞外。

时连游四洞，日已下舂，既不及觅炬再入，而洞外石片嶙峋，又觉空中浮动，益无暇俯幽抉闷矣⑤。遂与静闻由石瓣中攀崖蹈隙而上，下瞰诸悬石，若削若缀，静闻心动不能从，而山下居人亦群呼无路不可登。余犹宛转峰头，与静闻各踞一石，出所携胡饼啖之，度已日暮，不及觅炊所也。既而下山，则山之西北隅，其焚削之惨，与东南无异矣。乃西过一涧，五里，入西山。循水口而入，又二里，登将军坳，又二里下至西岭角，遂从大道西南行。五里，则大溪自南而来，绕永新城东北而去，有浮桥横架其上，过桥即永新之东关矣。时余舟自还古转而北去，乃折而南，迂曲甚多，且溯流逆上，尚不能至，乃入游城中，抵暮乃出，舟已泊浮桥下矣。

【注释】

①牵绡回幄：形容石壁像牵拉缠绕的布幔一般。

②嘘窦嵌空：有洞穴在半壁敞开。

③从绳挈矩：指合规矩。

④槛枯：指洞门槛栏。

⑤閟：闭，此句意即无暇游览那些幽闭的景色。

书目

049. 黄帝内经
050. 菜根谭
051. 围炉夜话
052. 小窗幽记
053. 挺经
054. 冰鉴
055. 楚辞经典
056. 汉赋经典
057. 唐诗
058. 宋词
059. 元曲
060. 豪放词
061. 婉约词
062. 李白・杜甫诗
063. 红楼梦诗词
064. 最美的诗
065. 最美的词
066. 文心雕龙
067. 天工开物
068. 梦溪笔谈
069. 山海经
070. 徐霞客游记
071. 古文观止
072. 唐宋八大家散文
073. 最美的散文(世界卷)
074. 最美的散文(中国卷)
075. 朱自清散文
076. 人间词话
077. 喻世明言
078. 警世通言
079. 醒世恒言
080. 初刻拍案惊奇
081. 二刻拍案惊奇
082. 笑林广记
083. 世说新语
084. 太平广记
085. 容斋随笔
086. 浮生六记
087. 牡丹亭
088. 西厢记
089. 四库全书
090. 中华句典
091. 说文解字
092. 姓氏
093. 茶道
094. 奇趣楹联
095. 中华书法
096. 中国建筑
097. 中国文化常识
098. 中国文明考古
099. 中国文化与自然遗产
100. 中国国家地理